# "xGoogler"

# 谷歌创业帮

## 关于梦想、创新、勇气与坚持

王 丹◎著

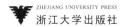
ZHEJIANG UNIVERSITY PRESS
浙江大学出版社

# 拥有改变世界的梦想

创办创新工场的六年,是我职业生涯中最忙碌,也是最有价值的六年。如果说,此前在苹果、微软、谷歌的日子,让我认识到人才的重要性并开始关注中国年轻人的成长,那么在创新工场的时光,则真正让我和这些可爱的年轻人并肩作战,为梦想努力。

这是一个创业的黄金时代。六年前,当我们在中国最早形成"投资＋投后管理"战略布局,创新工场迎来第一颗种子豌豆荚时,大多数初出校门的年轻人,还认为"创业""风险投资"这些概念离自己很远,他们还选择去大公司做一颗"螺丝钉"。然而六年过去,我们发现已经进入人人创业的时代,80后,甚至刚刚走出校门的90后,都在成为时代的主角。他们敢想敢为,善用新媒体,以互联网为工具,让自己的梦想在创业舞台上发光。在这个过程中我们发现了很多有趣的现象,比如今年,我们与真格基金、隆领投资合办的创业者训练营群英会,入选的 40 位优秀创业者平均年龄只有 32 岁,最小的只有 22 岁,但是他们本人和创业项目却都非常优秀。

2005 年,我加入谷歌。我仍然记得当时经过层层选拔的"关门弟子",他们各个绝顶聪明,不仅有耀眼的履历、出色的成绩和技术能力,也有很强的责任心和进取心,正是这样一群有激情、有梦想的年轻人,在当时外部、内部条件有限的情况下,创造了一个个奇迹。比如,谷歌中国在"20％时间"计划的创新鼓励下,陆续推出包括谷歌拼音、谷歌地图、春运地图、谷歌翻译、音乐搜索等在内的众多本地化产品,释放出了极大的创新力量。

离开谷歌后,这些 xGoogler(谷歌离职员工)也曾再次选择自己的人生,他们有的开始自己在商业世界探索,也有的先到大公司学习、积累。然而近两年,我们看到他们中的一大部分,都加入了创业行列中。比如,谷歌帮中最早的创业者周杰,他创办了互联网广告公司浪淘金。他曾是谷歌最年轻的华人总监,也被我们称为"super star"(超级明星);我的助理,毕业于斯坦福大学的郭去疾,从小就是个天才少年,他善于把握机遇,由他参与创办的外贸电子商务网站兰亭集势,是谷歌帮中最早赴美上市的公司;曾任谷歌中国工程研究院副院长的林斌,是个过硬的技术派,他了解安卓系统,其参与创办的小米科技,已经成为全球新创科技公司中市值最高的企业;还有我的老同事谷雪梅,她曾坚守谷歌超过十年,如今,终于走上创业之路——这是谷歌中国一个时代的终结,却也标志着谷歌帮全民创业的开始。

我十几岁时,在哥哥的帮助下,远赴美国读书,开始我的小留学生生涯。在那里，我学习到了先进的科学技术，也见识到了伟大的公司如何成就梦想。后来有机会回到中国，我将自己的经历和经验分享给年轻人，就是希望他们抓住机遇，扩大自己的视野，登上更高的舞台。而今，世界越来越平坦，我们看到越来越多学成归来的年轻人，开始在中国的创业热土上施展自己的才华。

《谷歌创业帮》这本书，记录了一些典型谷歌创业者的故事。从这些故事中，我们可以看到他们的梦想、坚持，和改变世界的勇气。他们的经历告诉我们：拥有远大的抱负何其重要，如何用技术改变世界，以及人生之路不会一番坦途，即使失败也不可怕……而他们的故事，还只是谷歌帮中的一部分缩影而已。

过去两年中，我曾经历一次病痛，生病让我有更多的时间思索人生最重要的是什么，而我的答案就是继续做自己最感兴趣、对我来说最有价值的事——毫无疑问，我希望能够帮助更多的创业者。

当然，身患淋巴癌对我而言也是一次学习的历程，让我反思生命的意义和健康的价值。改变世界的梦想是伟大的，但是，只有拥有健康的体魄，才可以开创更好的未来。希望与所有有梦想又脚踏实地的年轻人共勉。

创新工场董事长兼首席执行官　李开复

2015 年 7 月 21 日于台北

# xGoogler 的创业故事才刚刚开始

2004 年秋季,我将谷歌的两位创始人拉里·佩奇和谢尔盖·布林带到中国,中国互联网的迅猛发展,让他们最终决定在这里开拓市场。虽然后来谷歌在华发展受到一些挫折,然而谷歌却在这里留下了一笔宝贵的财富:无论是开放、平等的精神,还是一群聪明、有为的年轻人。

在谷歌工作的几年时间里,我结识了这群最可爱的人。用"googlely"这个词或许可以形容这个特殊的群体——他们天资聪颖、充满阳光;他们满怀激情,拥有改变世界的梦想。无论在美国,还是在中国,我身边处处活跃着这样的身影。

作为 xGoogler 的一员,多年来我一直密切关注着这家全球最伟大的互联网公司的成长和变化,并有幸见证了它从初出茅庐到成长为巨人的过程。这家极具活力、创造力和使命感的公司,不停地创造奇迹,也真正诠释了颠覆性创新的含义。

即便离开谷歌多年,我还一直和 xGoogler 保持着密切的联系与沟通。如今,我们的组织在国内已经扩大到 400 多人。作为中国 xGoogler 聚会的发起者,我在北京、上海乃至美国硅谷定期组织大家的聚会。在这样的聚会中,大家畅所欲言,分享全球最新的科技趣闻,也会聊各自的工作和生活。因为有着相同的背景和工作经历,总是有聊不完的话题。我们还专门设计了 xGoogler T 恤衫。

这些年创业的大浪潮也在深刻地影响着 xGoogler 的发展路径,在与他们的密切沟通中,我察觉到了一些变化:比如两三年前,xGoogler 们主要在腾讯、百度、阿里巴巴这样的大公司担任高管,还有些离开谷歌后前往美国工作;然而2013 年后,他们中创业者的比例却明显增加。正如 PayPal Mafia(PayPal 离职俱乐部)一样,我们的组织中也诞生了越来越多的明星创业者,xGoogler 正在迸发出空前的创业激情。

作为光速安振中国创投董事总经理,这几年,我见证了中国互联网日新月异的变化,互联网+、企业 IT,都是极具成长潜力与机会的投资领域。当然,我也投资了一些 xGoogler 的创业项目,比如 MediaV(聚胜万合)等。帮助更多的优秀创业者去改变社会是我觉得当下最有意义的事情。

《谷歌创业帮》这本书,记录了一些典型的 xGoogler 的故事。对他们的成长经历、在 Google 的见闻与收获,以及创业过程的全记录,我想可以为中国数以万计的年轻互联网创业者带来一些思考和启发。

到 2015 年年底,全球互联网用户即将突破 30 亿,在全球人口总数中所占比例将达 42.4％,其中中国互联网用户数量近 6.7 亿,一举超越美国。过去,我们去美国留学,认为那里才是最好的舞台。然而今天,越来越多的年轻人去美国学习前沿知识和技术,却希望回到我们自己的沃土大展身手,因为这里充满着机遇与挑战。对于 xGoogler 而言,我想,这场华丽的演出也才刚刚拉开帷幕,我期待他们有更多精彩的表现。

光速安振中国创投董事总经理　宓群

2015 年 7 月 1 日 于上海

# 目 录

▶▶▶▶▶▶▶▶▶▶

## 为什么是他们？　谷歌创业帮崛起

2013 年春的一天，在北京商务核心区银泰柏悦酒店 21 楼，我见到了刚从美国硅谷回国两个多月的赵勇。这位头脑清晰、逻辑缜密的 35 岁科学家，给我讲述了令人惊叹的谷歌实验室故事。在那里，天才们正在挑战人类智慧的极限：他们模拟人类大脑，试图突破"感知"——这一机器人与人类的最后屏障；他们研发仿生设备，包括手术机器人、无人驾驶汽车，试图让人类远离人为疏忽导致的灾患；他们还从事医疗、遗传学研究，用以提升人类的寿命……

毫无疑问，赵勇曾效力过的这家公司——谷歌①，被公认为世界上最伟大的公司之一。这里是天才最密集的地方：很多人是企业家、发明家，被谷歌请进来，付以高额的薪水进行发明创造；这里有最肥沃的创新土壤：谷歌可以无

---

① 2015 年 8 月 10 日，谷歌宣布组建新公司 Alphabet，自 2015 年第四季度开始，Alphabet 将成为谷歌上市实体。Alphabet 除谷歌外，还包括谷歌风投、谷歌资本、谷歌实验室 Google X 和 Nest 等其他子公司。原谷歌首席执行官拉里·佩奇（Larry Page）将担任 Alphabet 首席执行官，联合创始人塞吉·布林（Sergey Brin）担任总裁。

条件支持员工异想天开的创业项目;这里工作愉快:有五星大厨烹饪的世界美食,可以带宠物上班,也没有朝九晚五的工作制。然而,在谷歌实验室工作三年后,赵勇选择了离开。"我会有一种很强烈的冲动,就是他们都可以做这些伟大的事情,并让事情发生了,为什么我不能?"他决心离开硅谷回国创业。

赵勇向我介绍了他回国创业的项目——基于计算机视觉(computer vision)和模式识别(pattern recognition)技术,它利用新传感器和技术进行安全监控和客流行为的智能分析,并为商业决策提供数据驱动。

然而,刚刚回国的赵勇在找投资人方面却碰了点壁。听他介绍完自己的项目,投资人们一方面觉得震撼,另一方面又有点恐惧。他们对他说:"我们从来没投资过这些项目,看不到成功案例,能不能复制一个成熟的商业模式?"这些问题,颇让赵勇有些苦恼。

"它是非常超前的一个项目,但这就是它的魅力所在。我不想等它成熟了才回来,我要让它变成熟。"赵勇坚持自己的想法。他要为自己的梦想跨出一步,而不是做"谷歌翅膀下的一个蛋"。

2014年秋,我再次见到赵勇是在北京一场互联网大会上。活动主办方特意设置了一个人工智能专场,同为前谷歌研究室科学家的赵勇和李志飞成为这一专场的主角。几百人的会场被观众们围得水泄不通,甚至每一个通道都塞满了热情的粉丝。"'仿生派'和'智能派'哪一种才是人工智能机器人的正确方向?""智能硬件的未来是什么?"人们抢着向两位科学家提问,赵勇和李志飞俨然成为全场明星。投资人也加入了这样的讨论——很显然,和一年前对人工智能的漠视不同,现在,这个概念已成为投资人的争抢对象。

他们就是 xGoogler(ex-Googler,前谷歌员工的简称)。正如美国互联网公司 PayPal 前成员俱乐部成员"PayPal Mafia"曾衍生出视频网站 YouTube、电动汽车特斯拉(Tesla)、职业社交网站领英(LinkedIn)以及美国空间探索科技公司 Space X 等明星公司那样,在中国,这个主要由在谷歌中国或美国谷歌工作过的华人组成的"帮派",现在正在疯长的中国创业沃土上开拓一片新的疆域,发出来自未来的召唤。"谷歌对中国互联网最大的贡献就是这些 xGoogler,这是一场'输血'运动。"曾代表谷歌投资过百度、大众点评、赶集网、迅雷、天涯等公司,现任光速安振中国创业投资基金创始人兼董事总经理宓群对我说。根据不完全统计,在 400 多名前谷歌员工(xGoogler China)中,已有近百人在互联网、科技公司成为创始人或 CEO,大多数成为中国互联网巨头公司的高管或技术主管。

假以时日,他们或将成为新一波中国科技界的中坚力量。

如果以上我提到的这两个名字你还有些陌生,那么让我们翻开中国 xGoogler 名册,看看多少互联网创业先锋从这里走出。创新工场董事长兼首席执行官李开复,百世物流创始人周韶宁(原谷歌中国区联席总裁),光速安振中国创业投资基金创始人兼董事总经理宓群(原谷歌大中华区投资并购总监,曾任谷歌驻中国办事处首席代表),宝宝树 CEO、米卡早教产品创始人王怀南(原谷歌亚太区市场总监),B2C 网站兰亭集势(Lightinthebox)创始人郭去疾(原谷歌中国总裁特别助理及首席战略官),小米科技联合创始人、总裁林斌(原谷歌中国工程研究院副院长兼全球工程技术总监),云云搜索创始人刘骏(原谷歌中国工程研究院副院长兼全球工程技术总监)……可以说,这只是冰山一角。

他们曾是最优秀的天才少年。如果查阅谷歌人的履历,你可以看到他们年少就天资卓越、出类拔萃,有的出自少年班,有的接连跳级,从小就展露出某一方面的特长;他们生逢最好的时代,有机会考取国内顶尖大学,并到海外学习,在斯坦福、普林斯顿、卡内基·梅隆、麻省理工、布朗等顶级名校深造;他们也有机会,成为硅谷 IT 精英或华尔街投资明星……事实上,他们的确做到了。

现在,在北京、上海,前美国谷歌研究室科学家赵勇、李志飞正在计算机视觉、语音识别、语音理解项目上潜心研究,试图将遥不可及的人工智能真正带进每个人的生活;从事创业投资的李开复、宓群正在聆听与指导一批批热情的互联网创业者,渴望投出中国下一个BAT(百度、阿里巴巴、腾讯);从事母婴行业的王怀南,希望通过宝宝树陪伴和改变一代中国人;汤奇峰希望抓住在移动、多屏互动产生的巨大广告市场,成为中国的谷歌;还有用互联网思维在物流行业厚积薄发的周韶宁,在电商大潮中把握跨境B2C机遇将兰亭集势带到纽交所上市的郭去疾,通过"软件+硬件+互联网"商业模式,打造出全球新创公司最高市值的小米科技林斌,兼顾爱好与事业,从事移动社交、游戏的田行智,天才女生、木瓜移动创始人沈思……他们用前沿的技术和自身的智慧,正在成为中国互联网新一轮的主要力量。

于是我想要探究,谷歌这个"天才梦工厂"究竟为他们插上了什么样的翅膀,让他们得以在未来互联网世界脱颖而出?"谷歌帮"具有哪些成功基因?他们如何审时度势,把握未来的机会?从他们身上,我们可以为中国互联网创业者找到哪些启发?带着这些问题,我希望从他们的故事中寻找答案。

010100100111
11000110
01101010010
01001
0001101010010001010
010010101010101
010010011000
01000100
01001
010

第1章

# 颠覆性创新

只要你是在改变世界，那么你就是在从事伟大的
事业。每天清晨起床都会兴奋不已。

——拉里·佩奇

# 人工智能狂想曲

在 20 世纪 60 年代的科幻电影《2001 太空漫游》中，美国导演斯坦利·库布里克描述了他幻想中的未来世界：宇宙飞船徘徊在外太空，人们试图在星空中寻找生命的起源；一部叫"HAL9000"的高智能电脑，成为帮助人类开启与世界对话的重要工具；电影配乐是奥地利著名作曲家约翰·施特劳斯的《蓝色多瑙河》，当优雅瑰丽的音乐响起，人们发现原来冰冷的外太空竟也可以谱写一曲浪漫的交响曲……这些场景，正是人们在数十年前对未来世界的构想，驾驭飞船和对话机器人，则是人机交互的完美理想。

事实上，当这部电影在 1968 年上映时，人类还没有真正登上过月球（1969年，尼尔·阿姆斯特朗随阿波罗 11 号宇宙飞船登月，成为第一个踏上月球表面的人类），人工智能（Artificial Intelligence, AI）也不过是科学家仅仅提出 10 年的概念——20 世纪 50 年代，美国科学家企图凭借计算机技术生产出一种以与人类智能相似的方式做出反应的智能机器，而随着 60 年代美国另一部科幻系列电影《星际迷航》的上映,无数狂热的科技爱好者开始投身于这项研究中,并将之视为终身事业。

人工智能的发展并非一条坦途。这项技术以人的器官感知为基础,包括"看得到"的计算机视觉、"听得到"的语音识别、以"理解"为基础的自然语言处理等。尽管这听上去十分美妙,科学家也以为计算机诞生后的数年内人工智能就能实现,但现实却有些残酷。几十年过去了,尽管计算机的运算速度已经提升到每秒数千万次,IBM 公司研制的深蓝计算机在 1997 年 5 月战胜了国际象棋大师卡斯帕洛夫,科学界也提出试图复制人类大脑的蓝脑计划(Blue Brain Project),但是,人工智能的难点仍在于"训练"一台机器拥有人类的思考方式、思维逻辑甚至情感。从这个角度上看,真正的人工智能貌似还遥遥无期。

不过,近年来的一些迹象似乎让人工智能的苗圃绽放出希望之花——一方面,大数据的爆炸式发展让人们对机器研究获得了更多的数据积累;另一方面,世界顶级公司也不断投入重金推动人工智能研究:2014 年,IBM 公司承诺拨出 10 亿美元使认知计算平台 Watson 商业化;谷歌连续收购 8 个机器人公司和一个机器学习公司;Facebook(脸谱网)聘用人工智能学界泰斗燕乐存(Yann LeCun)创建自己的人工智能实验室……这让人工智能理想的实现有了极大可能。

计算机视觉、机器学习、语音识别、自然语言处理……成了巨头们的新角斗场。视人工智能为终极目标的谷歌,则在"秘密"实验室里云集了数百位科学大咖。赵勇、李志飞即出于此。

格灵深瞳创始人赵勇,在回国前是美国谷歌研究院高级科学家(senior research scientist),曾被"雪藏"在 Google X(谷歌秘密实验室)里进行了 3 年的专项研究。他在美国学习、工作 11 年,获布朗大学计算机工程系计算机视觉方向博士学位,并曾在 NVIDIA、三菱电器、爱普生、HP 实验室工作。而他让很多中国开发者知道则是因为他所从事的一个项目,用赵勇的话说,现在这个项目变得"有点"影响力了——这就是谷歌眼镜(Google Glass)。

另一位知名自然语言处理专家李志飞,博士毕业于美国约翰·霍普金斯大学语言语音处理实验室(CLSP),是谷歌手机离线机器翻译系统和学术界主流开源机器翻译软件 Joshua 的主要开发者,他曾在国际一流会议和杂志发表 30 余篇论文,获国际计算语言学协会(ACL)最佳论文提名奖。他先后任职于美国微软研究院和美国谷歌研究院,从事语音识别、自然语言处理、机器翻译、手写识别等领域的核心算法研究和开发。2012 年,李志飞回国创业,立志于开发出基于自然语言处理的下一代移动搜索引擎。

## 神秘的 Google X

近两年来影响甚广的谷歌眼镜,被认为是智能消费领域的重要进步,因为它开启了人类日常穿戴与科技结合的先例。然而不为人知的是,智能穿戴研究在美国已经进行了数十年。赵勇给我讲述了他的同事萨德·斯塔那(Thad Starner)的故事。这位佐治亚理工大学教授,从 20 世纪 80 年代起,就将一个特别的眼镜戴在脸上。在一段 20 多年前的电视节目中,斯塔那对主持人"口出狂言":"我可以回答关于任何事的任何问题!"于是主持人问:"你是否了解棒球?"斯塔那摇头。主持人说:"那么我想知道关于××球员的生平的纪录。"要知道,这个活跃在 20 世纪 40 年代的球员当时早已退役。但仅仅三秒钟后,斯塔那就将这个球员所有的比赛数据公布出来——他随身携带电脑,配以自己研发的非键盘式输入设备,几秒钟后,电脑将因特网上搜取的答案传至眼镜中,在交谈中,这些数据被读取出来。"这件事发生在 20 世纪 80 年代末 90 年代初,那时我们的计算机还是 286、386。现在萨德·斯塔那已戴着这个玩意生活了 20 多年,你能想象吗?"赵勇说。

三年前,当赵勇在一个内部会议上做完关于谷歌眼镜的规划报告后,散会时有个行为怪异、态度似乎有些暧昧的人走到他背后低声说:"我觉得咱们俩应该共进午餐!"赵勇当时甚至想,这个人不会是同性恋吧?

原来此人正是萨德·斯塔那。会后,他和赵勇来到会议室交谈,在整个过程中,带着一副造型奇特的眼镜的斯塔那默不作声,只是动手将电脑与投影仪相连,投影中很快出现了斯塔那眼镜里呈现的内容。赵勇用嘴说,斯塔那打字,但速度却比说话还快。

更奇特的故事还在后面。赵勇向自己的上司、前布朗大学计算机系主任汤姆·迪恩(Tom Dean)描述了这个怪人。后者说:"我记得他。20多年前,桀骜不驯、行为古怪的斯塔那毕业时曾来布朗大学应聘,我是面试官。一个教授说如果布朗大学肯给他工作机会,我就辞职。所以我没有录用他。"于是,当赵勇和迪恩再次约见斯塔那一起晚餐时,赵勇提及了20年前那次面试经历。显然,斯塔那已经记不清眼前这位拒绝他的老教授了。但几秒钟后,他就叫起来——原来,20年前的场景一一呈现在他眼前,这些年间,他用眼镜记录了所有语音信息,并将其转化为知识、笔记放进搜索库随时调取。

最终,萨德·斯塔那成为赵勇在谷歌眼镜项目上的合作伙伴。

不过,并非每位科学怪咖都能得到谷歌的垂青。多伦多大学的教授史蒂夫·曼恩(Steve Mann)就没那么幸运了。过去30年间,这位有些"走火入魔"的教授,在自己的头上"安装"了一个佩戴非常麻烦的仪器——他剃光头发,从大脑中提取各种信号去训练它,并试图用自己的意念控制它。这就像脑电波传感器从脑子里提取东西,用以分析人们在想什么事,然后根据信号变化寻找规律,通过规律用眼球、大脑来控制外部设备。显然,这个设备非常"侵入式",曼恩整个人也看起来有些神经质。为了避免引起误会和麻烦,他不得不随身携带医师证明。"他是这个学术方向的先驱者,至少走在了一般人前面50年,所以才在那个时代显得有点格格不入。"赵勇说。而在谷歌,当时最担心的就是做出一个令消费者产生这种"恐怖"感的产品。所以,当设计谷歌眼镜时,大家就想象一位20岁的年轻姑娘戴着它走进商场的样子。因此,这才是人们今天看到的谷歌眼镜。

对于有各种奇思妙想的Google X而言,谷歌眼镜不过是其中的一个项目而已。尽管谷歌工程师拥有令人艳羡的薪水、有趣的研发项目以及可观的科研经费,但赵勇还是选择离开。"在谷歌工作,尤其是在Google X,所有项目都非常非常具有创新性,很多人都是企业家、发明家,是被谷歌买进或者请进的。而我常常会有一种很强烈的冲动,他们都可以做这些伟大的事情并且让结果发生,为什么我不能?"

"我想成就理想,而不是做谷歌翅膀下的一个蛋。"2012年年初,当作为谷歌眼镜核心研发人员的赵勇看到团队的想法和研发已经变为产品,接下来就是交给工程师如何把它做得更轻、更漂亮时,他有了自己新的创业想法。

## 从硅谷到中国

赵勇还在读博士时曾研究过一个项目,他一直相信会变成现实,但当时技术尚不成熟。后来到谷歌工作,研究领域和产业有了发展,接近成熟和应用,赵勇觉得这个时机快到了。虽然从很多企业家和工业标准来看它还非常超前,但这正是其魅力所在。"我不想等它成熟了才回来,我要让它变成熟。"赵勇想。

他想做的,是一套基于计算机视觉和模式识别技术,利用新传感器和技术进行安全监控和客流行为的智能分析系统,为商业决策提供数据驱动。简单理解,这就像给机器装上更精密的眼睛和大脑,使它能够看懂世界。人的记忆有

7

限,不可能记录下经历的每一个画面、说出的每一句话,但机器可以帮助人们从多维世界中获取、处理、理解和分析这些信息,然后通过深度学习,即计算机算法,从历史数据中掌握规律,并对事物做出智能识别和预测。

具体来说,比如应用在监控安防领域。如果一个商场丢了东西,人们只知道有东西丢了,却不知何时丢的,可能是过去一天,也许是一周,这就需要播放监控录像进行查找,但 24 小时的录像即使快进也要三四个小时播放,且人工查找容易遗漏细节。而如果有了这样一个"智能眼",两分钟内就可以完成这一切。除了安全监控领域,这个"智能眼"还可以应用到商业、艺术等领域,了解不同年龄、不同时间段人们的行为和轨迹,进行商业分析和艺术展示等。

2013 年,当赵勇刚刚回国创业时,他从科学上做出了对这项技术的阐释,但他随后说:"从商业的角度讲它还不存在。"不过,他自己也没想到的是,400 多天后,他的设想已经变成现实中的产品,他创办的格灵深瞳也成为科技圈里颇有名气的酷公司,甚至微软创始人比尔·盖茨在私访中国时也将他的公司作为会见的第一家创业公司——这也是他此次出行中唯一造访的计算机视觉公司。2014 年年初,盖茨曾对外透露,科技界的下一个大事件是计算机视觉与深度学习(deep learning)的结合。难怪他在看了赵勇的项目后,由衷地称赞:"这真的很酷!"

## 从大公司到创业者

"我们这群搞人工智能的人就像是玻璃罐里的苍蝇,前面似乎永远是光明的,直到你碰壁。"在回国后的一次公开演讲中,赵勇引用导师的一句话来形容他所从事的这门学科风光却又尴尬的现实。这虽是一句玩笑话,但正恰似从美国实验室回到中国的赵勇,他的创业也经历了从与世隔绝的"真空"到现实落地的过程。

　　找到默契的合作伙伴并非易事。从谷歌辞职准备创业,赵勇很快就遭遇了第一个困境——找到性情相投的合作伙伴。当他面对投资人时,曾听到关于创新的两种不同声音:一方面,投资人觉得震撼;另一方面又觉得恐惧。有人对他说:"我从来没投过这些项目,看不到成功的案例。"只有一小部分投资者说:"这听上去很棒,我们愿意投。""在中国我感觉这样的投资人连10%都不到。"赵勇一度与投资方签好意向书,但当他从美国回来时对方却反悔了,他不得不重新融资。"时间环境会变,可能一度很火的概念,随着时间推移大家的想法会变。"幸运的是,重新融资的过程还算顺利。

　　第二个困境则是寻找一个商业人才。当产品还在概念期,赵勇就有一个很技术化的想法,但对具体的产品设计还很模糊。他曾带着一个麻省理工学院的学生会主席和其他公司谈商务,这个优秀的年轻人曾上过电视节目,沟通能力也很强,甚至还在麻省理工创办过技术协会。但真的坐在谈判对象面前,两个技术狂人却不知该说什么,有时跟对方谈了两三次后才发现对方是想要收购他的公司。"这时我意识到他跟我一样都是搞学术的工程师。我需要一个真正商务方面的伙伴,他很重要,必须是联合创始人。"在这种需求下,投资人向赵勇引荐了何搏飞。和赵勇的经历很不一样,何搏飞大学毕业后就在中国工作,获得很多本土经验后,又到斯坦福大学商学院念书,随即再回到中国。认识赵勇前,他已经做过两个在美国上市的中国公司总经理。"他是一个商业人才,商业意识非常好。"赵勇第一次和何搏飞见面,是在后者位于国贸的一间宽敞的办公室里。"但后来他到我创业的民宅看我,瞬间就被我们的气氛吸引了,决定加入我们。我给他找了个很小的格子间,说,你是我们公司第一个商务。"于是,一个是仰望星空的科学天才,一个是久经商业沙场的商业精英,这样的金风玉露相逢,格灵深瞳才开启了自己的商业格局。

人工智能并不是一个虚无缥缈的概念,从现实的角度讲,它的落脚点是为人类解决某一个领域的问题,让人们的生活更智能、更便利。过去一年,赵勇遇到非常多的用户,希望格灵深瞳帮助他们解决问题,他们来自汽车、司法、能源、制造工厂,甚至政府、反恐安全等各个领域,他也曾与至少 20 个城市的公安局局长接触过。但在这个过程中赵勇发现,可以做的事情太多,但一个硬件不能解决所有问题。事实上,在很多领域已经存在相关专家,只要开发一个核心模块——聚焦在提供一款最优秀的核心视觉感知技术产品,就可以应用到任何行业。说到底,这个核心就是关注人的一切:他的脸、他的手、他的肢体动作、他的轨迹,他在不同网点之间的行动等。比如可以在银行关注取款的人、银行职员操作的规范性;在学校里关注学生安全;在监狱里关注犯人和警察;在工厂里关注操作人员和生产流程;在医院里关注病人……由于格灵深瞳做的是通用核心模块,不与具体产业竞争,且又是全新的领域,所以几乎没有竞争对手,所有人都可以使用这个尖端的模块,成为它的合作伙伴。

即使是面对商业用户,用户体验也同样重要。"我的研究是聚焦在算法和软件上,但我们做的却是一个'体力活儿',你要设计一套设备出来,就要考虑电从哪来,网从哪里来,这套产品最终要交给工人安装,所以我们自己要先变成'民工'。"在帮购物中心和超市做客流分析系统过程中,赵勇和何搏飞买来梯子和工具,开始了解建筑物的石膏板和轮毂结构,了解大楼里的水电网成本。"在这个过程中我们意识到我们距离这个真实的世界还有些遥远,意识到我们设计的产品还很糟糕,意识到我们的产品如果想要设计得有生命力,就要把整个流程都走一遍。"

创业的环境也直接影响了工作专注度,为此赵勇曾经历五次迁徙。刚回中国时,他被投资人安排住在北京核心商务区的高级公寓,那是个"吃一碗面条也要七八十块钱的地方"。他和朋友一起到公寓楼上的"北京亮"吃饭,一顿饭动辄上千块。十几年没在国内生活的赵勇,一度真以为北京的消费水平就这么高。虽然在谷歌过着衣食无忧的生活,但赵勇认为,这样的环境并不适合创业。"那种环境会给我错觉。我是来创业的,就是要来当'屌丝'。"他也曾得到微软提供的亚洲研究院的一个开放空间,但格灵深瞳的研发涉及硬件,研发过程需要保密,因此赵勇迫切想要搬到民宅。

几个月后,赵勇在北京北部租到了一个普通的四室一厅,并和格灵深瞳第一位同事在客厅里摆了六张办公桌。渐渐,工程师来了,公司有了一个全职员工和八个研究生。但下班后大家都不愿意离开,几个年轻人就挤在婴儿房的上下铺和书房的两张小沙发上休息。人越来越多,赵勇不得不再次搬家。大家继续向北,在一个新小区一口气租下五套房子,一套当办公室,另外四套给大家住。

然而,随着格灵深瞳不断发展,地方又显得局促了。一年内经历了三次搬家,赵勇非常想要找一个能待上两三年的地方,同时为了留住人才,考虑未来的发展,他需要一个适合创业、思考、生活的空间。在谷歌工作过的赵勇,曾一直想象能不能在北京找到一个废旧的厂房,哪怕外面破旧,但里面可以打造成自己的王国。正在此时,真的有人为赵勇找到了一个"理想国",赵勇去了就欣喜不已:这是个位于北京西北郊的小型中式园林,小桥流水、亭台楼阁,毗邻玉泉山和颐和园,有 28 亩绿化面积。"这个地方,全面超越了我最狂野的想象。它很大,很安静,又鸟语花香。"

然而,当时格灵深瞳却付不起这个钱。"这时我跟搏飞做了个决定,融资吧!"后来想来,赵勇认为自己的决定"特别值得"。十几个人搬到了这个 2000 多平方米的办公场所,除此之外,还有宿舍楼,解决了住房问题,大家就有更多时间专注工作。公司规模也逐渐发展到六七十人。和寸土寸金的中关村 5~7 平方米的办公空间比,这里人均 200 平方米。天气好的时候,大家会到湖心的亭子里开会吃饭。格灵深瞳还修建了自己的健身房和电影院,并请白家大宅门的厨师设计自己的专属菜单,不光做中餐还要做西餐,大厨也成了营养师。

一切都在变得更加疯狂。格灵深瞳有了来自哈佛、麻省理工、普林斯顿、卡内基·梅隆、达特茅斯、布朗、斯坦福等美国名校的学生,也包括国内名校如北大、清华、浙大等的学生。年轻人展示出了很强的能力,很多员工还有工作经验。甚至他们之中有从同类型中规模最大的公司——百度深度研究院跳槽过来的。有些人同时拿到格灵深瞳和百度两家公司的工作邀请,他们中的三分之一会选择格灵深瞳。"初创公司去和百度竞争(人才),有这样的结果,我觉得在中国很难做到。"说到这里,赵勇不无得意。这与他在创业前期的经历大相径庭。

赵勇还记得第一个拿到格灵深瞳邀请的应聘者在联想研究院工作,他对创业公司充满了疑惑,最后也没有选择这里。"我是 nobody from nowhere(来自无名之地的无名小卒)。"赵勇出生在陕西,在上海读大学,毕业后就在美国深造,并工作十几年,然后又在北京创业。"那时候我发现说服别人加入创业公司很难。"赵勇一度感到沮丧。他不得不选择去美国招人,因为他发现去美国说服年轻人加入初创公司竟比在国内普通高校招人容易得多。他先是找到了麻省理工学院的一个博士生,同样也是学生会主席,又在斯坦福大学找到了一个高中时就在微软边工作边念书的美国人。赵勇还发现了一个有趣的现象,越是名校的学生,越有能力承受风险。"我有个朋友在中国内地一所普通大学当老师,我请他帮忙进校园招人。他就去找就业办公室的老师,没想到老师说,我们学校的学生很优秀,毕业后都会去华为、中兴这样的大公司,创业公司就算了。"后来他有机会到中国做最好的大学演讲,才发现愿意试一试的人很多。"后来我们招的人,四个来自美国,四个来自北京大学,两个来自浙江大学。北大毕业的四个孩子,本身就是创业团队,他们有产品,我看到他们的时候立刻喜欢上了,说服他们加入我们,我们就这样开始了。"

为了更好地运作公司,赵勇还让出了 CEO 的职位。"我是个工程师,去年做 CEO,并不是很开心。"赵勇认为,谈业务并不是他最擅长和最感兴趣的事情。他不喜欢被打扰,而喜欢把一件事想得更深。他的伙伴何搏飞在商业方面反应很快,想法又有广度,赵勇就觉得应该由他做 CEO。赵勇甚至连 CTO 也不想做。"我是在建造一个公司,我希望自己不是用一个职位就可以给这个公司带来贡献。所以未来 CTO 肯定不是我,至少未来两三年要找一个合适的人选。我希望自己可以聚焦在那些更长远的事情上。"赵勇说。

## 人工智能:苹果熟了

推开由两座石狮蹲守的朱红色大门,眼前是一片平静的湖面,小桥、亭台倒映在湖面,有风吹过,湖面荡起阵阵涟漪。说实话,若不是被一个指纹识别的门禁拦在外面,以及被几个突然入眼的滑板和哈雷摩托轮胎惊到,你几乎会忘记这里是一家科技公司。传统与现代的冲撞在这里是和谐的:中式的屋檐下,一侧墙壁嵌上木质窗棂,一侧墙壁则是欧美彩绘;办公室的苹果电脑前坐了几个忙碌的年轻人,但也有狗亲昵地在他们面前走来走去。

这正是赵勇对人工智能的理解。"我不希望有一天生活变得像科幻电影,没有自然空间,周围所有的事物都是设备和仪器。最美好的技术是,你放眼望去还是满园春色,可是那些细小的瞬间改善了你的生活,它应该是润物细无声的。所以我想做一件事,希望机器人、人工智能技术让人们变得更友好、更安全,让我们的城市更智能化。"

两年中,为了让更多人理解人工智能,赵勇和他的老同事李志飞参加了好几场演讲,回答大学生、行业伙伴、创业者、投资人的各种问题。"有些东西我们不能确定它会在哪个时间点爆发,但我们都对它深信不疑。我相信在我的有生之年不会太遥远——它一定会创造巨大的价值。"赵勇认为,无论在安全、医疗、工业基础设施建设，还是在消费品行业，当人们对产品的要求越来越高时，其实已经超越了人类的极限。这个时候就需要感知技术的机器人来帮忙，"如果这件事成功了，机器人（robotics）和人工智能就变成现实了"。

来自投资界的反馈也令人欣喜。刚刚回国时，投资人最常问的问题是，美国有什么模式可以复制？如今，很多年轻人创业也想做人工智能，投资人对他们都非常友好，也会打电话向赵勇询问对项目的看法。"我能看到很多人加入了这个行业，这是非常了不起的事。"但是，赵勇也有顾虑，他担心这个势头过去。"投资人跟我们不一样，他们要看到利益，但我们不是，即使这个行业出现了冰川期，我们也不会停滞不前。所以我担心的是，如果过了两三年我们没有挣到很多钱，他们会坚持下去吗？"

因此，摆在他面前的，是必须让这个从事最前沿技术的公司发展得与众不同，并且超出人们的期待。"当一个产业变成传统产业的时候，它的竞争都是发生在那些令他不愉快的方面，比如成本压力，我不认为这会给任何人带来好处。所以我们必须做一件事，它如此的不同，一方面可以给用户带来特别好的体验，另一方面，它会打破一个格局，可以使人们转移到新的产品进度上，把这个产业推到下一个阶段。"

## 谷歌的影响

赵勇曾近距离接触谷歌创始人谢尔盖·布林，并被他的很多事情所震撼。但是在他眼里，布林的第一特质是单纯。"在硅谷很多行业领袖都有类似的特质，我以前觉得很成功的人都特别聪明，会有大多数人都掌握不了的城府，但事实并非如此。"虽然商业的成功让布林他们富可敌国，但他们并不安于享受，甚至每天和大家一起混在实验室里。有一次为了完成一个项目，布林连续多日没有刮胡子,这让有着俄罗斯血统的他看起来像个恐怖分子。"加油吧,伙计们,看着我的胡子,我的老婆还想亲吻我呢!"布林说,"除非我们完成这个里程碑,否则我不会剃掉它。"

拉里·佩奇也是如此。在布林成立 Google X 后,佩奇别出心裁地成立了"Y lab",决心做出点与众不同且有趣的事情来。"他们很单纯,并且拥有实现梦想的决心。别人认为天方夜谭的事,他们觉得那不是'dream'(梦想),然后就去实现了。"

如何能造出更好的电脑? 这个问题一直让不少人苦苦求索,在美国,很多科学家投入毕生精力奉献其中。赵勇在三菱实验室的导师、哈佛大学教授汉斯皮特·菲斯特(Hanspeter Pfister)就是一位。他将哺乳动物的脑子剖开,用精确的激光工具将之切成极薄的片,放到玻璃纸上并拿到显微镜下成像。他记住这些切片的顺序,并在计算机上恢复三维结构,希望把脑子里所有的结构、神经元、神经突触网络连接起来,为科学家提供参考。在此之后,他就向人脑进攻了。他用同样的方法扫描人脑,为此,他用过的照相玻璃纸长度甚至超过了地球赤道。最终汉斯皮特看到超过 1000 亿个神经元和它们的连接,数据量之大超过了科学界曾经的想象。为了展示这个数据,他还想出一个算法,随机给神经元着色,用颜色过渡来展示神经突触的链接。画出来后他用几百万张照片显示,并将这些照片命名为 brainbow(脑虹)。科学家看到这些照片后受到了颇多启发:原来人脑与 CPU 是完全不同的结构,如何造出更好的计算机? 人们还要向人脑去学习。

赵勇曾经的顶头上司汤姆·迪恩,是在布朗大学计算机系工作超过 20 年的教授,快退休时,他受到谷歌邀请成为研发总监。汤姆将毕生的精力投入人工智能技术,从事的研究正是上述领域。

迪恩的研究取得了很大成就,但他也非常需要灵感。每过一段时间,60 岁的他就会开车 10 小时去俄勒冈州( Oregon)的一个山洞里待上五天,在那里和宗教信徒们一起"冥想",从而达到某种思维的境界。"当我刚开始冥想的时候觉得特别吵,脑子里有各种想法冒出来,工作、家庭……但当慢慢静下来后,我只能听到自己脑子里的声音,似乎意识不到我的脑子是怎么工作的。"迪恩说,经历了这样的冥想后,他回来时就会确定后两个月的研究方向。"这种投入让我特别崇拜。"赵勇说,迪恩有时听说某个学校有个有趣的研究,也会离开谷歌几个月去找他们聊天,等回来时就会带来很多有价值的发现。从加入谷歌第一天起,迪恩从来没有规定过赵勇每天要做什么、完成什么目标。"你的任务是交朋友,看看哪些人和你有共同的兴趣,需要你的技能,你能为他们奉献些什么。"第一次见面他就这样对赵勇说。每一周,他们会有一小时的例会时间,两个人绕着谷歌的湖走一圈,讨论人生和理想。"你可以看到他的生命在追逐的东西,这可能就是为了自己的兴趣。他们活在未来。"赵勇说。

迪恩的人格也令赵勇深受触动。"当我离开谷歌时有点不好意思。迪恩也问我想做什么、为什么要离开。但他没有劝我留下来,他后来给我写了封信说,当我听完你的计划后我意识到你离开这里比留在谷歌更伟大。我做了 20 多年的老师,当时的愿望就是学生毕业之后能够远走高飞实现他们的理想。今天我虽然离开了学校,但是这还是我的愿望,我祝福你。"

深受触动的赵勇试图在格灵深瞳也发挥这样的影响。"我跟我们的小伙子们也是这么说的,他们也有人想过离开,有的有了自己新的理想,我都会祝福他们。当然,我最想的是他们在这里让奇迹发生。"

## 像谷歌那样拥有改变世界的梦想

1942 年 6 月,美国陆军部集结西方国家最优秀的核科学家,由 10 万多人参与了利用核裂变反应研制原子弹的计划,亦称曼哈顿计划(Manhattan

Project)。它历时 3 年,耗资 20 亿美元,于 1945 年 7 月 16 日成功地进行了世界上第一次核爆炸。有人把 Google X 比作科技产业里的"曼哈顿计划"——谷歌想要像计划孕育原子弹那样永远改变世界。

谷歌将那些有着疯狂的想法或者不太可能实现的项目称为 moonshot(直译: 射月),这些项目被解决的科学概率可能只有百万分之一。而谷歌希望人们运用超前、积极的思维方式思考问题,从而想出根本的方法来解决世界上存在的难题。因此,谷歌对 moonshot 投入大量的资金,即便该项目可能永远不会有任何成果。

除了联合创始人谢尔盖·布林,Google X 还由埃里克·施密特、阿斯特罗·泰勒(Astro Teller)共同领导。阿斯特罗被称为 Google X 的"射月队长"——这主要源于他的天赋,而这份天赋可能来自他的祖父爱德华·泰勒(Edward Teller)——氢弹之父。

除了众所周知的谷歌眼镜、无人驾驶汽车,2013 年,谷歌还推出气球计划(Project Loon),试图通过热气球为那些世界上最偏远的地区覆盖网络。如今,这个气球已经穿越了多个国家飞越了几万公里。谷歌还在研究无人机(Project Wing),希望以此提供快递系统。谷歌成立了新公司 Calico,专注于研究因衰老而带来的各种问题,以期延长人类寿命。

"对于技术的突破,最重要的是心理层面。谷歌敢于'疯狂'地梦想,这种精神即使在美国也很难能可贵。"曾参与谷歌眼镜项目的赵勇认为,这些跟谷歌主业并无关系,但近距离接触它时,会让人感受到创始人远大的理想。佩奇和布林也为之投入了大量金钱和精力。"坦率来说,在中国他们可能会被认为是疯子。但是谷歌支持这些疯狂的想法和创意。"

在格灵深瞳提出项目计划的时候,赵勇的同事或者投资人有时也会问: 这个项目现在是不是还太早、风险太大? "我对他们说,这些很重要的事情总要被

**17**

一些人做掉，不是我们就是别人，那么最好是我们。只要我们还能养活自己，就应该尝试去做这些事。"庆幸的是，中国的创业环境越来越成熟，也不乏聪明人。"我不认为这是 10 年后才能发生的事。也许它本该 10 年后发生，但因为我们做了，3 年后它就发生了。我们就要做这种人。"

接触现实的时候，赵勇会遇到许多困扰，首先是传统行业存在的商业逻辑和惯性，使新事物受到很多抵触，新事物也可能伤害部分人的利益。其次是被怀疑颠覆者能不能把那些想象中的东西变成现实。"那个时候有些创业者会忍不住收缩一些，觉得我可不可以做一些妥协，做一些渐变式的创新。"赵勇也经历过这样的挣扎，但当度过那个阶段，他变得更狂野了。"过了一个阶段我们发现用户不只接受了这个概念，而且非常喜欢这个东西。这就证明我们最初的直觉是对的。既然这样，我们就一件传统的事情都别做了，要做就做最好的，我们不应该停下这个脚步。"如今，更疯狂的想法是，格灵深瞳不仅在探索跟人相关的项目，还在探索和汽车相关的项目。赵勇希望把这套视觉系统应用到汽车领域。

给汽车装上视觉系统意味着会发生很多不一样的改变。最重要的是，它让驾驶行为变得更智能、更安全。以中国为例，每年大约有 30 万人死于车祸，其中 95% 是出于人为原因，75% 的死亡案例与卡车有关，80% 的死亡事故发生在十字路口。假设能为汽车，尤其是卡车设计一套视觉系统，那么未来，或许每年会有数以万计的人幸免于难。

这一系统并不是像谷歌无人驾驶汽车那样，直接让机器代替人类开车，而是通过一组光学设备，用视觉的方法，每时每刻观察司机的驾驶行为，掌握速度、加速度、相对速度、相对距离等数据，并以此来判断司机的驾驶行为是否安全——即使在没有警察、没有摄像头的情况下。这样的产品将改变整个交通链：它会受到保险公司关注——因为他们的理赔数额将会减少；会得到卡车、物流公司的支持——减少事故对他们而言是重要使命；当然，更会深受所有司机欢迎——做一名安全的司机,不仅会使他们获得奖励和认同,还让他们的生命更加有保障。未来,这样的技术不仅可以运用到运输的卡车上,还包括长途客运汽车、校车、公交车等。

对于改造十字路口的安全现状,赵勇认为公路应该参与到智慧交通中来。事实上,即使大车司机规范驾驶,可以判断前后直线范围的情况,也无法看到折线范围,预测路口横向而来的汽车。那么,如果有一项感知技术,能够在十字路口的每个方向实时监测每一辆车和行人,并把这种信息实时分享出去,使得每一个即将经过路口的司机都可以获取这些信息。那么未来,驾驶员就可以提前预判路况,从而避免十字路口发生的车祸悲剧。

当然,这一方面需要道路有感知能力,能够感受到其"身体"上运行的每一辆车、每一个人的行为和状态,并将这些行为和状态转化为与安全相关的信息;另一方面,汽车需要一个接收器,可以接收这些信息。作为更长远的技术,格灵深瞳已经投资大量资金和人员对此进行研发。

赵勇的理想是,让计算机视觉进入汽车世界,10 年之后,可以看到他们的努力拯救了更多生命。不过,这也许不再是遥不可及的 moonshot——不出意外,这些项目都将在一两年后走向应用领域。从商业的角度看,如果按照中国保险公司的统计,中国每年的交通赔付额大约为 4500 亿元,而卡车赔付占据其中一半以上,即 2700 多亿元——未来,这将是格灵深瞳,或者整个行业的市场。

对于汽车,赵勇更遥远的设想是,未来不是每个人都拥有一辆汽车,而是通过人工智能把所有汽车的行驶时间有效管理起来,这样不仅可以缓解交通压力,也可以实现汽车随用随到的梦想。

## 2020 年

赵勇 17 岁时,他的父亲因食道癌离世,那时他还是高三的学生。"我体验过那种无助,我当时也曾想成为医生去治疗癌症,不让一个孩子那么早失去父母。"不过最终赵勇并没有走上医学的道路。当了解到每年因为车祸死在路上的人数要远高于死于食道癌的人数时,赵勇就想,如果能在自己从事的领域做好技术,救更多人的命,也算圆了自己少年时的一个梦想。在世界上,不只有医生可以救人,工业同样可以救人。事实上,正是工业的发展使人们的平均寿命从 100 年前的 40 岁提升到今天的 70 多岁。"我特别希望通过科技恢复一些美好的人性。"

当前,赵勇的当务之急仍是把人工智能带到全新领域,为行业重新树立信心。"我在不远的未来会写一篇文章告诉人们我理想中的 surveillance(监控)应该是什么样子,应该具有哪些属性。这个东西我们在短期内不能实现,但是我们会把它当成目标。"

更远的愿望,赵勇希望把人工智能带到人们生活中去,让城市智能化。这并不是简单的"物联网"。"'万物皆联网'是个好事,但它的核心不在这里。若你只是把一个烟灰缸和拖鞋连起来,那有什么意义呢?真正有意思的是'万物皆智能'。互联网已经变成一个工具,我们应该想如何在因特网上建造出智能来。"他希望建造一个宏大的视觉网络(visual sense network),把数据收集起来,使得人们可以挖掘和应用这个数据。"如果说谷歌非常伟大的地方是建立了一个类似于机器人的搜索引擎,让人们可以用检索的方式在因特网上提问并获取信息;那么,视觉网络则可以让人们向大自然提问。这是我终极的理想,我们就要让计算机像人一样思考。"在赵勇看来,5 年前他想这个问题是疯狂的,但最近的讨论证明这个项目的工程已经不再是科学问题。"所以这件事情是非常有趣的。我们能够达到今天的成就,跟我的老板汤姆·迪恩、我过去的导师汉斯皮特·菲斯特,跟这个领域很多重要的科学家是分不开的。我原来认为很多事情要 2050 年才发生,但我现在觉得可能

2030 年就会发生，甚至在 2020 年就可以部分实现。这是我的理想。"

　　在赵勇身上，我们感受到他在与那些伟大科学家接触中获得的宝贵品质：单纯、执着、信念——从不认为现实不可超越，要做未来的缔造者。

　　刚回国时，赵勇缺乏对市场和资源的足够把控，为此，他甘愿卸下 CEO 的华丽外衣，专注于对未来的思考和研发。这使得他与搭档快速实现从技术想法到产品设计，甚至商品的转化，让格灵深瞳从"研究所"走向真正的科技公司。单纯、低调、务实的精神，在今天复杂的互联网商业环境中难能可贵。

　　掌握前沿科技，格灵深瞳在产品方向上有很多选择，也面对很多诱惑。但是一家公司不可能同时解决所有问题，因此，赵勇的选择是找到核心。锁定安防监控和汽车驾驶领域，使公司有了明确方向和定位。

　　作为初创企业，赵勇常被问道："这个项目现在是不是还太早，风险太大？"在技术难点和商业不确定性面前，很多创业者面对这样的质疑往往会退缩。但正如谷歌实现那些别人不敢完成的目标一样，赵勇认为重要的事情总要有人去实现，为什么不是自己？正是这样强大的信念，支撑他不断去实现目标和超越自我。

　　在计算机视觉领域实现人工智能，是赵勇远大的梦想，而不是虚无缥缈的空中楼阁。格灵深瞳在关注未来的同时，解决的是与人类生活息息相关的重要需求；其通过技术改变产业，也意味着拥抱数千亿的广阔市场。将技术与商业相结合的格灵深瞳，是否将像投资人徐小平所言，成为一家千亿级别的公司？我们拭目以待。

# 打造中国的 Google Now

拉里·佩奇说:"技术应该可以完成一些繁重的工作,让人们能够做一些生命中最快乐的事情。以搜索为例,最完美的搜索引擎是电影《星际迷航》中的电脑,它知道你的所想所需。科技正在拉近现实与虚幻的距离。"前谷歌员工、人工智能科学家李志飞做的,正是这件很酷的事。

在北京中关村西北,一条全长 220 米的南北向大街曾是著名的中国海淀图书城。然而,近年来,受到互联网冲击,图书商户纷纷撤离,这里和周围高楼林立的写字楼相比,呈现出萧条景象。不过最近两年,这里却发生了一些变化,来来往往的年轻人再次停下脚步,他们可能用一个下午的时间在这里迸发出创业灵感,也可能用一杯咖啡的时间获得"天使"支持。有人统计,2014 年,大约有 200 个团队在这里拿到共计近 10 亿元人民币的投资。这条大街,也被更名为"中关村创业街"。

2014 年年末的一天,中关村创业街七号楼的黑马会热闹非凡,记者和科技极客们把这里挤得水泄不通。他们在等待一场名为"全球刷表大会"的活动开始。这场听起来敢跟"谷歌 I/O 全球开发者大会"名字叫板的发布会说起来有些好笑，因为整场活动也不过百人规模，与前者的万人大会相去甚远。但对活动主角来说，这个"全球"发布会却意义非凡，甚至丝毫不逊于他曾参加过的谷歌开发者大会——在他的人工智能理想之路上，这是一个新的里程碑。这个主人公就是李志飞。

"请为我叫一辆到北大东门的出租车。"在发布会现场，李志飞对着他的智能手表发话，虽然他讲一口湖南普通话，但两秒钟后，手表就识别出了他的语言，并接通打车软件，出租车司机的电话已经拨打进来。

在李志飞的履历中这样写道：知名自然语言处理专家，博士毕业于美国约翰·霍普金斯大学语言语音处理实验室（CLSP），是谷歌手机离线机器翻译系统和学术界主流开源机器翻译软件 Joshua 的主要开发者。他曾在国际一流会议和杂志上发表 30 余篇论文，获 ACL 最佳论文提名奖。他曾任职于美国微软研究院和美国谷歌研究院，从事语音识别、自然语言处理、机器翻译、手写识别等领域的核心算法研究和开发。2012 年，李志飞回国创业，立志于开发出基于自然语言处理的下一代移动搜索引擎。

## 谷歌离线翻译：完成"不可能的任务"

2004 年，李志飞赴美留学。在此之前他的专业是无线通信，但在计算机领域，这属于偏系统的学科。当时，李志飞面前有三个选择：第一个选择是继续系统方向的研究，比如操作系统、计算机网络等学科；第二个选择比较偏理论，比如算法，要研究哪些东西可行、哪些不可行；第三个选择则是在应用领域，美国会关注一些未来应用，学校里所学的很大一部分都与人工智能相关，包括自然语言处理、语音识别，还有计算机视觉等方向。虽然自己研究过系统，也算有意思，但对用户来说,李志飞觉得通信协议对普通用户来说是看不见摸不到,过于机械化;如果搞理论研究,自己没有相关背景,也没有太大兴趣。衡量再三,他决定选择应用。从实用的角度讲,他希望自己研究的东西,能够真正为用户解决一些问题,而不仅仅是发表论文,取得学术上的成就。

事实上,在去美国前李志飞就早有创业打算。2000 年,他曾在南京一家从事手机上网业务的初创公司移软工作,见证并参与了移软从几个人的创业公司发展到数百人,并被美国 Palm 公司收购的过程,这一经历使他对创业这件事兴致浓厚。同时,在创业方向上李志飞也有大致思考,他希望做一个产品,它很酷,但同时又能为更多用户服务。还有就是他相信移动领域将大有可为。

在谷歌时,李志飞曾从事一项他认为颇有意义的项目,即把谷歌在线翻译移植到手机上。坦率来说,当时他的上司并不支持这个项目,很多同事也对这个棘手的项目不太有信心。因为其难点在于,在 PC 互联网上,每一个命令需要几千台机器同时运算,内存基本上也是无限的;但如果用手机来重新运行系统,却只有几十兆存储量,CPU 的速度也较慢,而且有诸多限制,因此在大规模降低存储的前提下,将整个系统表现出来难度非常大。在工程上,这也是一个巨大挑战,由于系统复杂,要对工程、算法非常熟悉,才可能在手机上做出一个既好用又结合多种语言,同时符合谷歌标准运行的产品。

然而,在没有得到特别关注和支持的情况下,李志飞用了一年多时间,几乎是一个人完成了这个不可能的任务。他几乎重做了一遍系统,保证了离线翻译在不需后台服务器的情况下,在手机上就可以顺畅运行,效果也颇令人惊喜。

可以佐证的是,后来离开谷歌后,仍然有同事告诉李志飞:不少用户留言给谷歌,他们有人在国外突遇灾难或车祸,还有人在以色列、伊拉克等战地遭遇危机,正是离线翻译救了他们的命,使得他们能及时获得救援,方便与医生沟通。这令李志飞颇感欣慰。

　　在谷歌离线翻译产品落地后,李志飞看到语音识别和自然语言处理在移动上能做出更多创新。比如在生活中,他有这样的亲身经历：下班后太太让买东西回家,沿途虽有超市却并非时时开门,他想通过手机上网查询营业情况,却因为开车驾驶导致操作极为不便。他当时就萌生了开发一个说话就能让手机直接告诉答案的工具。但在人工智能团队,李志飞的部门却没有太多移动上的研究,很多他想要的创新很难实现。

　　创业是李志飞一直的打算,唯一的问题只不过是什么时候、在哪里开始。现在,这个机会来了。

## 用前沿技术创造一个商业上成功的公司

　　事实上,中国市场所蕴含的机会早已让李志飞摩拳擦掌。2011 年,智能手机以迅雷不及掩耳之势席卷这个巨大的市场,看看国内苹果商店门口那些日夜蹲守的消费者和黄牛就可以预测到,这里终将有一天会超越美国市场。更重要的原因还有,中国尚缺少真正的技术型公司。在过去,中国诞生了与计算机软硬件相关的明星公司,但真正的技术派尚属稀缺。李志飞特别想做一件事：回到中国,运用一项前沿技术,创造一个商业上成功的公司。"那可能会扭转很多投资者和媒体对这件事的看法。像谷歌那样的公司,用技术改变人类的生活方式,在中国也会有,我就想做这件事。"

　　基于人工智能领域的语音识别和自然语言理解,李志飞回国迅速创办了科技公司——出门问问。在两年多时间里,他已迈出了重要的三步。

　　第一步就是从无到有。2013 年 6 月,仅仅用了几个月时间,出门问问就建立了自己的语音识别和自然语言理解系统。当时,苹果推出 Siri,谷歌推出 Google Now,国内的一些语音公司也纷纷上线语音类应用,试图实现"人机对话"的梦想,其实,这样的梦想背后通常都有大公司和超级团队的支持。而李志飞的团队只有 10 个人,却不仅做出了语音识别,还开发出一套系统,更诞生了一个供终端用户使用的产品。这样的小团队以及他们的效率在全球都屈指可数。值得一提的是,这套系统还实现了与微信的对接——在当时的微信平台上,出门问问是第一个生活语音搜索引擎,这实现了对产品落地的最真实测试。

像"请问明天最晚一班北京到上海的高铁几点开"这样的问题,在大而全的 Siri 中,并不能被准确识别和回答。但出门问问则很容易提供精确的生活信息——很显然,在语音识别的准确率上出门问问丝毫不逊于大公司;在用户体验上,则实现了满足用户生活需求的精确定位。

"我们在中国创业公司里应该是唯一一个拥有自己的语音识别、语义分析和应用搜索技术的公司。我们的技术上在国内肯定属于顶尖水平,拿到国际上应该也是一流的。"李志飞并不掩饰自己的自豪。

这个里程碑对李志飞也有两重意义:

第一,以前在谷歌、学校研究室,都是自己一个人搞研究,但是运作一家公司需要集体的智慧和力量。这就需要培养一批人,发挥各自优势,共同分担责任,完成一个艰巨使命。

第二,从投资人的角度看,在当时的市场环境下他们并不理解什么是人工智能,而出门问问实现了从概念到技术的落地,并且得到了市场的积极反馈。这极大地提升了李志飞整个团队的信心。"我一下就觉得,用很少的人也可以做一件伟大的事,只要你拼命往前跑。"

出门问问的第二个重要足迹是在 2014 年 3 月。当时李志飞开始考虑和硬件结合,开发 Google Glass 和 Android Wear 上的语音搜索。如果说前一年,出门问问实现了技术的应用,那么后面很长一段时间里,整个团队都在探索一些问题:一个真正用户的使用场景是什么? 用户为什么用你的产品? 你到底解决了什么痛点,而这是别人解决不了的问题? 产品能否形成用户黏性?

　　过去做微信应用、App,只是拿到市场上推广,并没有真正和用户进行零距离的接触。为了了解用户,得到他们的真实反馈和需求,李志飞和团队做了几十场线下活动。Google Glass 显然是一个"聪明"的载体和沟通桥梁——这款产品在国内本身就昂贵和稀有,会操作的人更少之又少。比如,在 GMIC(全球移动互联网大会)活动上,拥有 20 个 Google Glass 的出门问问瞬间成为全场最火的展台。他们帮助用户试用眼镜,并为他们安装软件,教他们如何与机器对话。这时李志飞才发现,原来智能穿戴产品离普通用户的距离还非常远。比如,用户不知如何使用语音来操作智能装备。即使教他们"OK glass"(谷歌眼镜的启动口令)、"Take a picture"(拍一张照片)这样的命令,但是当很多人真的戴在身上后也会有点不知所措。"原来很多东西在你看来很自然,或许你对 AI(人工智能)技术已习以为常,但是在用户那里,会遇到很多问题。"

　　这样的经历让李志飞完成了一个从技术到产品的思想上的转变,开始考虑产品应该如何落地,是不是能真正实现自己的最终目标: 做出一个用户每天都能用的,并且有商业前景的产品。

　　第三步,也是最重要的里程碑,则是 Ticwear 刷表系统的发布。由于谷歌在中国的限制问题,Android Wear 在国内水土不服,用户无法在摩托罗拉的 Moto 360、三星 Gear、LG 的 G Watch 等产品中正常使用 Android Wear 上原生的便利功能。出门问问因此开发了一套基于 Moto 360 的中文操作系统,来填补 Android 智能手表在中国的空白。这件事对出门问问来说,能力上一下子增强了很多。早在 2014 年 6 月,要做这个 ROM(手机系统固件)时,李志飞心里有点没底——他擅长的是做与算法、人工智能相关的产品,但 ROM 却从没开发过,也没接触过这个圈子;谁能做这件事情,他也没有判断能力。然而在半年后的 12 月,出门问问却基于 Moto 360 手表开发出一整套操作系统 Ticwear,并且得到媒体的正面评价。"那种感觉,就跟 2013 年 6 月做出第一个产品时是一样的。"而且,李志飞这次的体验更深刻,因为无论出门问问的知名度,还是各方面能力都有了很大提升,已经离他的梦想越来越近。"我们先做了技术,用微信账号作尝试;再到 Google Glass 平台,不断改善用户体验;然后做了系统层次,让手表变得特别简单,用户划一下,或者直接说'你好,问问',就可以应用了。这离我想象的那种真正完整的体验,或者对用户来说特别方便、带来效率、带来价值的方式已经越来越近了。"智能硬件的飞速发展使李志飞的梦想得以插上翅膀。如果说 2007 年 iPhone 的出现,在重新定义手机的同时也定义了移动互联网;那么 2012 年 Google Glass 的出现,则将可穿戴设备带入了消费者视野,智能穿戴从概念化时代进入了产品化时代。就拿国内市场来说,自 2013 年以来,投资圈对智能硬件市场青睐有加。截至 2014 年 12 月 15 日,在智能可穿戴、智能医疗、智能家居等领域有 68 笔资金注入,共有 58 家新兴中国智能硬件公司获得融资,融资总额约 5 亿美元。

然而智能硬件的普及也是一个巨大的工程,正因如此,从系统层面的推广具有重要意义。一个全新人工智能概念,涉及硬件、软件、消费者的认知,甚至耗电量这样的细节,各方面都需要经过很多考验。出门问问开发的操作系统,对国内绝大部分公司,或者说 90% 以上的团队来说都颇有难度;而从全球看,即使三星、摩托罗拉,也依赖于谷歌的操作系统,可见做语音搜索颇为不易。"所以我们会推动这个东西,不仅因为我们把它推到了操作系统这个层次,而且因为语音搜索的问题解决了,只要再把硬件做好,得到消费者认知,这个想法就会实现。"

为了得到真实反馈,李志飞尝试更接地气地了解用户。他每天挂在 QQ 群里,真的发现了一些过去不能理解的现象:比如用户们喜欢天天换表盘。作为一个从事系统工程开发的科学家,他并不能理解换表盘这件事情有多大的意义,后来才慢慢发现,原来年轻人是很关注这些炫酷的东西的。这就让他开始考虑如何加上这些令用户愉悦的小细节。此外，虽然智能硬件中英文的操控多是一些简单的单词，李志飞过去也没有意识到系统汉化会如此重要，但到粉丝群里一看，原来很多用户真的会被英文难倒，比如更换电池，或者向左向右滑动的指示，一旦用户不能确定，他就会感到紧张，怕不小心删掉东西或重启，从而不再愿意尝试，就此产生了与产品的距离。"我们发现，做一个真正的产品，一些最基本的功能在消费者体验中真的非常重要，解决了这些问题才是通向人工智能的第一步。"这给了李志飞很重要的启发，他甚至觉得自己关注到了一些谷歌也没有想到的问题。"我想谷歌从功能上绝对没有涉及这些，因为他们还离用户很远。"

## 保持与硅谷连线

对出门问问来说，公司技术本身就与谷歌很有相似性，而且作为一家高科技公司，一定要保证技术在全世界领先，这就让李志飞随时要关注全球最新的产品动向。离开谷歌后，他仍然与硅谷保持着密切联系。他会经常跑到斯坦福大学等高校参加语音识别、自然语言理解以及 Android Wear 的学术会议，也会邀请谷歌或者一些朋友来出门问问做分享，陪他们在中国游玩，跟他们保持密切的联系，从而获得第一手的技术讯息。

谷歌的工作经历也留给李志飞和出门问问很深的印记。比如，首先，谷歌是一家技术主导的公司，很多时候它的产品都是用一个强大的技术去支撑，或者说把已有的产品，比如 email 形态化，变成最适合用户的产品。李志飞想做的，正是以最尖端的技术来驱动整个公司。

第二，开发工具的重要性。这一点，几乎成为出门问问超越所有同类型公司的"必杀技"。比如，自然语言处理支持很多垂直内容，原则上每个垂直内容都要做一套语义分析系统和导航，一般公司的做法是，针对每一个内容，专门有对应的工程师来完成这件事。这种方式在刚开始时进展最快,因为它把职责明确化。但在开发过程中,"人"往往成为最大变数,一旦工程师离开,就会对工程进度造成影响。

有了工具则会不同,这使得公司很多人都可以做这件事,并不需要专门配置工程师才能实现导航、酒店搜索或者新的语言分析的需求。为此,出门问问做了一个平台,令很多人都可以操作。李志飞则经常培训大家,教他们标注数据、提交任务。"在这点上我认为我们比谷歌做得极致,我比较着迷这件事,因为我总觉得事情一定要表格化。"

现在,出门问问的每个工具就是一个大平台,这样的平台有了七八个后,内部工作效率就非常高。自然语言分析有了这套工具,别人要九个月才可能完成的项目,出门问问三个月就完成了。而且里面集成了很多复杂的组件,一旦做好,以前的所有经验可以全部借鉴过去,不需要人为实现,都是系统自动地完成。"这样,在非常短的时间,在很有限的条件下,我们就能完成任务。"

工具产生的影响是,即使实现了一个又一个里程碑,出门问问也严格控制着公司体量:六七十人规模完成的产品级别和用户体验,如果是谷歌,则差不多需要两三倍人员才能达到相同的效果;如果是国内的大公司,则可能需要三四倍的人力、两倍的时间才能完成。


## 特斯拉的启示


1943 年 1 月 7 日,科学家尼古拉·特斯拉(Nikola Tesla)安静地躺在纽约客酒店的房间里,默默地离开了人世。或许很多人并不知道,70 年后一款风靡世界的电动汽车特斯拉,名字正是源于这个发明了交流电机的塞尔维亚裔美国籍天才。而这位改变世界的科学巨人,晚年却过得非常落魄。去世前 10 年,他只能努力赚取养老金和喂养鸽子,却无力说服投资者资助他的最新构想。直到去世,他都坚信自己可以发明结束所有战争的武器,发明电能通过无线方式跨越大洋的方式,并计划从太空中收集能量。然而,现实中他却寂寞一人,负债累累。

特斯拉智商过人,会讲 8 种语言,有过目不忘的记忆力。他能够在脑海中构想出完整的发明。然而在商业上,却极其糟糕。1885 年,他告诉自己的老板托马斯·爱迪生,他可以改进汽车和发电机。爱迪生说:"如果你做到了,给你 5 万美元。"特斯拉履行了自己的承诺,爱迪生却只给他加薪 10 美元。特斯拉愤而辞职,组建了自己的公司——特斯拉电灯生产公司。但是不久后,他就与投资者就公司发展方向产生了分歧,并被炒了鱿鱼。随后一年,特斯拉被迫以挖沟谋生。1900 年,他说服摩根大通给另一家公司投资 15 万美元,但这些钱在 1901 年就用完了。特斯拉余生一直在给摩根大通写信,请求给予更多的资金支持。但他再也没有拿到过一分钱。

特斯拉去世后的第二年,也就是 1944 年,《纽约先驱导报》记者约翰·约瑟夫·奥尼尔(John Joseph O'Neill)撰写了一篇关于这位发明家的传记,题为"浪子天才:尼古拉·特斯拉的一生"。"在他生命的最后 30 年,见过他的数千人当中,知道他是谁的很可能不超过 10 个人。""即便媒体每隔一年就会头条报道特斯拉和他最新的科学预测,但没有人将这些报道与这个高高瘦瘦、衣着过时、每天喂鸽子的人联系起来。"

这就是科学家特斯拉的故事。这篇文章发表 41 年后,也就是 1985 年,一个 12 岁的密歇根男孩阅读了特斯拉的传记之后哭了。他就是谷歌创始人拉里·佩奇。佩奇的父母都是密歇根州立大学的计算机科学教授,他们对于科学的专注精神也深深影响了佩奇。从小佩奇的房子里不仅有计算机和电子设备,还到处堆放着科技杂志。这些氛围都培养了佩奇的创造力和发明精神。从那一刻起,佩奇认识到,仅仅构思出创新的科技未来和重大理念是不够的,它还需要商业化。如果想要成为一个发明家，就必须创立一家成功的公司。后来，佩奇又把这样的信念传达给了所有的谷歌人。"你需要发明一些东西，你需要把这些发明带给广大的用户，你需要完成对这些发明的商业化过程。很明显，完成这些过程的最佳方式就是通过公司来进行。"

李志飞也被这件事深深打动。因此他发誓，要做一家商业成功的公司。"我特别认同拉里·佩奇。技术者的悲哀就在这里，虽然你很天才、技术很强大、很有创造性，但如果就是不能商业化、就是不愿意讲故事、就是不能说服投资者给你钱、就是不能让老板给你资源，那么你就很难成功。对我来说，从办公司的第一天起，我就特别关心商业化这件事。我做的产品，是不是能够获得投资，怎样才能生存下去，怎样才能获得市场认同，这些决定了我在整个公司中做什么样的产品。"正是这样的原因，李志飞并没有选择去做无人驾驶或者谷歌眼镜这样的产品，"这些离消费者太远了，或者说在这个结点上做这件事情没有意义。因为谷歌也不是第一天做无人驾驶，如果它是另外一种方式，贸然就去做一个项目，可能早就失败了"。

谷歌给李志飞的另一个印象则是，即使其懂得如何商业化，也还是有点"不接地气"。在谷歌，以工程师为核心的公司文化，很多时候会导致工程师根据自己的需求来想象或开发产品，最终技术上技高一筹，消费者却不买单。"可能是因为谷歌公司做大了，到了一定阶段，就会有点异想天开。"但这给李志飞带来的启示是，做产品一定要能够影响普通人，而不仅仅是一个技术上的大牛。

拉里·佩奇对李志飞影响比较大的还有一句话，他说如果你做一件特别难的事情，反而更容易成功。也就是说，如果现在设定一个目标，在别人看来难以企及，反而比设定一个小目标，在已有的系统上做一些调整、做一些微创新要容易获得成功。原因是，你的目标非常清晰，而且有一个很大的愿景。你想要改变，就没有包袱，不会受到既有系统、人员、思维方式的限制；第二，当所有的人都有一个共同的愿景,认为要面对一个特别艰难的问题时,就会发挥更大的力量去战胜它。

在从事语音识别系统时,李志飞也曾面临选择:是独立开发,还是利用别人现有的基础来开发——虽然前者听起来更艰难,但考虑到利用别人现有的系统就要与别人合作,可能观点、理念、迭代速度都不一样,很可能最终会发现,那并不是最初的设想。于是,李志飞硬着头皮独立开发了语音识别系统。至少到现在来看,这是个正确的决定。"因为我控制了整个系统,可以进行各种各样的优化,跟过去完全不同。"

管理学大师彼得·德鲁克曾说,创新可以分为很多种,包括社会的创新、商业模式的创新、市场架构带来的创新、新知识的创新等。而新知识的创新,由于需要经历研发到落地的过程,可能比其他创新的周期都要长。这就使得创新者不得不想办法缩短这个距离。

"我完全认同,因为我也在经历这样一个过程,如果很容易的事情,很多人都能做,别人早就做了。但是新知识的创新,本来就是一个非常漫长的过程,是非常痛苦的一件事,如果你一定要献身于此,就不要放弃。一旦有创新,就会形成巨大的优势。"而在这个先发优势下,再去思考如何缩短时间——"那就是接地气,跟用户迭代。"李志飞说。或许人们说到人工智能,会觉得这是个细分的行业,产业链也非常长。而且这样一个高端的技术很难直接面对消费者,因此每一次改变都需要漫长的过程。但在互联网时代,迭代发生了根本性的变化。"我能知道我的用户究竟是什么样的人,有怎么样的收入,他在什么样的场景下使用。那么用户与产品一起迭代,就绝对能够缩短这个周期。"对此,在不断了解用户需求后,出门问问每个星期都会迭代一个版本。

## 人工智能推手

李志飞认为,两方面原因加速了人工智能的成熟。一是移动市场的迅速发展。过去，人工智能本身没有实际意义，语音识别、自然语言处理、计算机视觉等都停留在空泛的概念阶段。但在移动互联网框架下，这些都产生了更高级的应用。人们在真实的移动环境下，每天使用手机，产生了各种需求，数据量也极大提高。"无论是用户，还是投资者、大公司，都能看到这个趋势，不会有人否认这个大趋势。"第二是在移动趋势的前提下，大公司起到了教育大众的作用。尤其是谷歌、微软用深度学习提高语音识别，在过去十几年有了重大突破。美国各种主流媒体都在讨论人工智能。在中国，百度和腾讯也做了很多创新和跟进。此外，过去人们提起人工智能、语音识别，更多的是那些 B2B 公司发布的，但现在则是 Google、Facebook、亚马逊这样一些面向消费领域的互联网公司进行的。"互联网公司把人工智能这个概念推进到产品和投资领域中，确实是推动了整个行业的发展。"

李志飞也成为人工智能在中国的重要推手。为此，他做了很多普及工作：在会议上对媒体宣讲，公司也积极参加各种人工智能沙龙，他还活跃在微博、微信中，热心地与公众进行互动。令他深有感触的是，刚刚回国时，对别人提起人工智能这个概念，他还要从定义说起；现在，无论是媒体还是消费者，都可以说出一些专有概念了。

与此同时，也有更多的顶级人才加入人工智能大军。出生在香港的华裔美国科学家吴恩达，曾因在谷歌负责 Google 大脑项目而广为人知。2014 年，他加盟百度出任首席科学家。百度研究院副院长余凯，则是国际知名机器学习专家，在人脸识别、自动驾驶方面都取得了重大成就。

在出门问问，李志飞的昔日伙伴、语音识别科学家雷鑫也加入公司担任CTO。虽然在出门问问创业之初，李志飞就曾力邀其一起创业，但相对保守的雷鑫还是观望了一阵子。后来，他发现李志飞说的那些"看起来不可能实现"的东西，慢慢地在成为现实，终于加入了这个年轻的创业团队。

李志飞也依然游走在北京和美国硅谷之间。他发现，硅谷华人的创业热情正在不断高涨。2014 年 7 月，他在硅谷分享自己的项目和创业经验，现场来了 150 多人——这在硅谷的华人圈子中可不算少数，其中有很多斯坦福的学生，还有 Google、Facebook 的工程师。他们有的利用业余时间创业，有的则对新技术展现出浓厚的兴趣。李志飞和他们分享了自己的创业经验：商业模式、如何面对投资者、中国的用户以及可能遇到的各种问题。没想到，自己讲了十几分钟，最后大家热烈讨论了两个多小时。"过去大家都认为，特别牛的技术人才应该留在硅谷创业，但是现在大家都相信，来到中国市场有更大的机会，也有更大的挑战。"李志飞感触颇深。

回国三年，李志飞也注意到了中国和美国之间的一些创业文化上的差异。比如，硅谷用人强调少而精，尤其是 Google，很多人在单打独斗；但在中国，则更多地需要团队协作，发挥各自的优势。有一些美国创业者抱有不切实际的幻想，希望靠一项硅谷尖端的技术就在中国所向披靡；以为一个 App 上了媒体报道，立马就会火到"服务器都瘫掉"。"其实现实不是这样，一个产品从圈内跳到圈外，是一个很漫长的过程。中国的市场、用户结构也更复杂。"还有就是面对大公司的挑战：虽然新技术有壁垒，但很多壁垒都有期限。"在中国，大公司很可能以你三倍的人力直接打垮你，甚至直接挖你的人，这里有很多现实的问题。"不过，另一个角度则是，硅谷的美国创业者也有同样的顾虑。"你的公司能不能成功，绝对不在于是不是被竞争对手打死，而是你自己会不会放弃，或者说是你的执行力够不够的问题。"李志飞说，如果百度要做类似的事情，自己就会心慌退缩，那也就没有今天的出门问问。从另一个层面看，有大公司的竞争，说明这个市场是正向的，在这个环境下能做出好的东西，并得到资本支持。

李志飞仍记得两年前自己坐在演讲台下听创业者们分享他们经验时的情形。他们提出的很多问题，后来在他的创业过程中都在经历、验证或者反证。"大家有很多相同的思维方式、价值观，所以我希望更多的硅谷人回中国创业，创造一个大家认同的环境。"

　　作为一名科学家,希望取得商业成功的李志飞也一直注重管理公司的科学性。他认为工程师做管理有几个优势:讲究效率,直观,不拐弯抹角,注重流程的合理性。"我在公司经常做这样的事情,第一是很直白地告诉你我的想法;第二,帮助你清理流程、找到工具,或者用量化的思维解决问题。"但往往事的另一面是:他会钻牛角尖,挑战很多小细节,甚至特别小的数字。对他来说,创业也是一个历练过程。

　　"我们希望在一个新的地方、新的战场,建立我们自己的地位。这是一个新的类别,会大到你难以想象,也就是说它过去不存在,你从零开始。最终,我要利用人工智能,做出一个大众消费者、包括我自己每天都能使用的,并且商业上取得成功的产品。只有商业成功,才能支撑更伟大的想法。"李志飞说。

TIPS

作为海归派创业者,李志飞的特别之处在于他非常"接地气":第一,他不只是沉浸在自己的世界里搞技术,为了让产品落地,他近距离接触用户,了解他们的需求和痛点。第二,他的创业带有很强的目的性,能踩准时代节拍,顺应行业趋势,在关键点抓住时机。比如他赴美留学就是为了创业;回国后锁定与移动相关的领域推出语音产品,填补了国外产品对中国市场适应性的盲点;随着智能穿戴市场的成熟,他先是推出智能手表系统;2015 年 6 月,又进军硬件市场,推出了自己的智能手表,敏锐地抓住了市场机会。2015 年 9 月,其提供的智能语音搜索正式加载到谷歌中国版 Android Wear 智能手表操作系统中。这一合作亦被称为谷歌重回阔别 5 年的中国市场的第一步。第三,他充分考虑到中美创业的文化差异。美国崇尚个人英雄主义,科学家们往往单打独斗;但在中国,更需要集体的智慧,因此他常常思考如何组织和发挥团队的最大价值。第四,面对大公司竞争,调整心态积极应对,因为好的一面是它们可以带动整个行业的发展与投资者关注。作为创业公司自身,最重要的是提升执行力。第五,注重市场,只有商业化运作,才能支撑更伟大的想法。

附 ▶▶▶▶▶▶▶▶▶▶

# 谷歌的成功之道：拥有"登月"思维

（本文节选自 2014 年 5 月 14 日 Google 创始人拉里·佩奇和谢尔盖·布林写给股东的一封信。 在这封信中，佩奇重述了谷歌各项业务的最新进展，并对公司未来发展进行展望。他认为，只有拥有大胆的梦想、优秀的人才，才能成为改变世界的"登月者"。）

布林和我创立谷歌是因为我们希望"开发一款服务，大幅度地改进尽可能多的人们的生活"。我们一直坚持这一使命，并进行了长期投入，开发用户真正喜爱的新技术，例如搜索、Gmail、地图、Chrome、YouTube 和 Android。我们在较短的时间内涉足了许多领域，因此人们很自然地会问：今天的谷歌究竟是什么？ 你们将走向何方？ 这是个好问题。

## 搜　索

信息是谷歌的核心。我们的一大动力在于，我们认为信息的获得能推动人类进步。在儿童时代，我们俩都很有好奇心。我曾花大量时间阅读图书和杂志，或是把家里的东西拆开，看看它的工作方式。今天，寻找这些信息变得更容易。你只要前往谷歌搜索即可。搜索很有意义，因为些许知识就可能带来巨大的不同，无论这是看似简单但对日常生活很重要的信息，例如如何避开交通堵塞、非洲农民如何拯救他们种植的土豆，还是那些更重要的事。

谷歌搜索引擎中的用户非常活跃，每月搜索次数超过 1000 亿次（其中 15％是我们前所未见的），而我们目前在几秒内就会更新编目，以确保显示最新的结果。为了使生活变得更简单，我们开始针对你的问题提供直接的答案。例如，"世界上最深的湖是哪个湖?""是西伯利亚的贝加尔湖,深度为 1741 米。"或者"我的航班何时起飞?"此外,我对语音搜索取得的进展感到高兴,目前该服务已支持超过 38 种语言,包括最近的泰语和越南语。语音通常是最快捷、最简单的提问方式,尤其是当你使用移动设备时。

从许多方面来看,目前距离创造我梦想中的搜索引擎还有十分遥远的距离。这样的搜索引擎应当在准确的时间向你提供正确的信息,同时你不必花很大精力去操作。深入理解信息是一个有待解决的难题。Google Now 正试图解决这一挑战。Google Now 能在你没有提问的情况下就提供信息,因此你不必打开收件箱去寻找必要的信息,这一信息会直接出现在你的屏幕上。Google+上基于兴趣的建议也成为一个重要的信息来源。我总是能获得具有高度相关性的信息,例如近期出现在我信息流中关于风筝滑水发展历史的这条 YouTube 视频。

尽管目前仍处于发展早期,但关于理解人们的内容,我们已取得了重大进展。如果我们希望加强人机互动,那么这非常关键。请想想你的交通通勤。你需要易于获得交通信息,从而可以规划交通路线,避开交通拥堵。如果突然需要安排另一事项,那么你会希望从当前所在的位置开始获得导航(而不是在小屏幕上手动输入位置)。改进的内容也将使搜索变得更自然,不再是你手动输入至计算机的一系列关键词。我们正越来越接近这一目标:查询埃菲尔铁塔的高度,以及它的建设时间。通过理解"它"在上下文中代表什么,我们可以带来会话式的搜索。

## 生活在多屏幕世界中

随着设备越来越多,确保你可以方便地跨设备使用服务就显得越来越重要。我们的 Chrome 浏览器已有 7.5 亿用户,速度很快,同时也很安全。这款浏览器能无缝地跨设备使用。在桌面上打开地图,当你转移至移动设备时,同样的标签将会打开,因此你可以继续浏览。

再来看看照片。在多屏幕世界中,这是非常糟糕的功能场景。在不同设备上我们保存着不同的照片,很难查找或分享。这样的情况令所有人感到失望。Google＋可以将这些照片全部上传至网上,随后你可以在任何设备上查看照片。更有利的是,如果你丢失了手机,照片并不会一起丢失。

在不到 6 年时间里,超过 10 亿台 Android 设备已被激活(发展速度很快)。这给全球越来越多的应用开发者带来了一个优秀的平台。目睹这一生态系统的起飞,令人兴奋。2013 年,Android 开发者通过用户付费获得的平均收入较一年前增长了超过 4 倍。目前,我们正在将 Android 推广至手表等可穿戴计算设备,以及汽车。在汽车中,我们可以使导航、拨打电话和播放音乐变得非常简单。

Google Play 在线商店的理念也很类似。通过 Google Play,你可以一站式获得应用、电影、电子书和音乐,并在任何设备上使用这些内容,而不必进行无休止的同步。如果你在平板电脑上听音乐,而你转移到手机上时,这首曲子仍会在那里。(你可以发现,这里出现了一个主题!)近期,凭借 Chromecast 电视棒,从家中或朋友公寓的电视机收看来自 Google Play 和 Netflix 的电影变得很简单。你可以扔掉所有电视机遥控器,仅仅使用手机或平板电脑中的现有应用,例如 YouTube,来控制电视机。最令人高兴的是,Chromecast 的价格只有 35 美元。

目前,如果没有良好的设计,这一切都不会有意义。我还记得,我曾在密歇根大学学习可用性课程。学生们需要选择一个他们熟知的程序(我选择了电子邮件程序),并估计专家级用户使用该程序完成各种任务需要花多长时间。这使我理解到,开发优秀而高效的界面非常困难,需要比你想象中进行更多的工程开发。这里需要一个标签,那里需要一个下拉菜单。如果你给人们提供更多选择(即使他们并不使用这些选择),他们的学习时间就会更长。人们仍在谈论谷歌主页的简洁性,这也是我们最初成功的重要一部分。这种理念没有理由不应用在我们的其他产品中,尤其是目前存在许多设备和选择,以及许多可能分散人们注意力的机会。

## 互联网接入：尚未得到解决的问题

当然，以上一切都假定你是已接入互联网的 20 亿人口之一。这意味着全球还有 50 亿人尚未联网。尽管目前已有大量信息，但全球 2/3 人口仍缺乏最基本的互联网连接，这是一个悲剧。因此，我很高兴我们的团队正在开发 Project Loon 项目。这一理念是在太空边缘建设一个气球网络（飞行高度是商用飞机的两倍），从而为农村和偏远地区提供互联网连接。凭借 Project Loon，在巴西东北部的教室中，我们很快将首次带来互联网连接。随着项目的发展，我们希望将网络的力量带给更多人，从而创造此前无人能想象的机会。

## 大部分人在接受教育的过程中缺乏"登月"思维

如果可以让小型的专门团队从基本原则起步，而不是被以往行事方式所束缚，那么所实现的东西将非常有趣。不过我逐渐发现，很难让团队建立起非常远大的目标，因为大部分人在接受教育的过程中缺乏"登月"的思维方式。他们习惯于认为，一些事是不可能的，并对失败感到畏惧。因此我们花费了很大精力，在谷歌内部聘请独立思想家，并设定远大的目标。因为，如果你聘请正确的人才，带来足够大胆的梦想，那么通常都能够实现。即使你最终失败，你也会学到重要的经验。

毫无疑问，许多公司逐渐习惯于从事他们已经能做好的工作，仅仅只是进行增量式的改变。这种增量式的思维方式逐渐变得不合适，尤其是在科技行业，因为科技行业的改变通常都是革命性，而非改良性的。因此，我们仍在为长期发展，为下一代重要产品进行投资。在医疗领域，我们拥有 Calico。这是一家由 Genetech 前 CEO 亚特·列文森（Art Levinson）领导的公司，专注于医疗、健康和长寿。我们也拥有 Iris。这是一款智能隐形眼镜，能改变糖尿病患者的生活。我们近期还收购了 Nest，该公司将普通家居用品,例如恒温器变得更有用。此外,我们对新的 Google Shopping Express 快递服务感到兴奋,这是帮助你在订购当天就收到商品的快递服务。无人驾驶汽车也是如此(无须再做解释!)。今天,这些想法看似非常疯狂,但如果过去的经验能指引我们未来如何取得成功,那么今天的这些重要赌注在几年后不会显得奇怪。

在成立谷歌 16 年之后,我们仅仅只掀开了幕布的一角。在每天的工作中,布林和我都会对未来,以及与我们共事的杰出人物感到兴奋。谷歌员工使一切变得可能,他们是我们的未来。尽管世界在几年内就会发生改变,但给当前人类生活带来改变的可能性仍在驱动着我们,就像我们刚刚开始时一样。

拉里·佩奇

2014 年 5 月 14 日

（资料来自新浪科技: http: //tech. sina. com. cn/i/2014 - 05 - 16/08569382571. shtml）

01010100101111
11000110
01101010010
01001
0001101010010001010
01001010101010101
010010011000
01000100
01001
010    2

第 2 章

## 看到未来五年

凡是那些取得巨大成功的公司，都是敢于想象未来，并付出行动创造未来的公司。

——拉里·佩奇

# 他把 Google 带到中国

## 把佩奇和布林带到中国

　　2004 年 6 月的一天,一架飞往中国北京的私人飞机刚刚落地,两个长着黑褐色头发的 30 岁年轻人就睁大了好奇的眼睛,迫不及待地向窗外张望——机舱外,这片有着 13 亿人口、互联网的小苗正在茁壮成长的土地,对他们而言充满了新奇和未知。这两位就是在斯坦福大学学生时代开始创业、告诉人们用"搜索"方式认知世界的谷歌创始人拉里·佩奇和谢尔盖·布林。5 天的行程里,两个年轻人来到中国很多地方,见到了马云、李彦宏、曹国伟、丁磊,也目睹了这个跟美国截然不同却又有着巨大机会的市场。他们与中国科技界新秀讨论中美互联网用户的区别、文化差异;也开始真正意识到,谷歌应该重视这个庞大的市场,开发真正适合本地特色的产品。"我想那 5 天,是谷歌在中国发展历程上一个关键转折点。对于在中国的业务发展,开始的时候他们还有很多犹豫,包括服务器是否要搬到中国,但这次中国之行后就全力支持了。"说这番话的,正是带这两位创始人来到这里,并把 Google 最早引入中国的宓群。宓群曾担任 Google 公司亚洲产品负责人、谷歌中国最早的办事处首席代表。后来负责谷歌在大中华区的投资并购业务。

的确,在两位创始人来中国之前的一些日子里,这个市场刚刚发生了一些变化:一方面,人们接受了一种全新的网上生活方式,互联网不仅可以是一个堆满了海量新闻的信息集散地,它也可以是简单到只有一个空白格,却可以探索整个世界的十万个为什么;另一方面,另一家来自中国的搜索引擎,毕业于美国布法罗纽约州立大学计算机系的青年才俊李彦宏创办的互联网公司百度,尽管遭遇了来自广告排名方面的质疑,却以更本土化的方式、更丰富的产品线得到快速成长。此时,考虑到不同文化背景产生的差异性,特别是一些本土化较强的项目,对于刚刚把触角伸到中国的谷歌来说,不可能面面俱到,为此,宓群做出了一个大胆的决定——投资入股百度,这成为谷歌在中国市场上的第一笔投资。在这笔投资之后,早先在创业中就曾接触到风险投资的宓群,看到社区模式的巨大需求和前景,又陆续代表谷歌投资了大众点评、天涯、赶集网、迅雷等公司,为谷歌布局中国市场迅速打下了基础。

宓群算得上谷歌帮中的元老级人物。早在 1999 年,他就收到坐落在山景城的谷歌公司邀请。当时,谷歌刚成立不久,整个公司还不到 20 人。拉里·佩奇和谢尔盖·布林坐在公司的一张乒乓桌(兼会议桌)旁与他面对面交谈,希望他成为谷歌的一分子。然而,当时刚刚 30 岁出头的宓群正雄心勃勃地规划自己的创业项目,并没有接受讲话夸张的布林"你不该去创业,我们会成为 60 亿美元的公司"的建议,他回绝了对方。

这一年,宓群在美国参与创立了一家全球性的网络通信产品及服务供应商 iTelco,首轮融资即达 800 万美元。那时,电信行业有传统的电话语音服务。曾在英特尔工作过的宓群判断,随着互联网和 VoIP(Voice over Internet

Protocol)技术的快速发展,语音电话、传真、电子邮件和即时通信有望打通壁垒,他希望将互联网与传统电信进行融合。然而,当时 i Telco 的主要客户以电信为主,特别是美国、中国和日本的电信公司,客户对创业公司合作伙伴既挑剔又顾虑重重,宓群的想法很难得以实现。这让他心存遗憾,项目最终并没有达到他的预期。现在看来,如果当时 i Telco 公司不是做电信运营商业务,而是真正面向消费者或直接面对企业客户,正如十几年后颠覆传统电信业的腾讯,那或许又会是另一番情境。

在创业之前,宓群曾在上海复旦大学获得物理学学士学位,又到美国普林斯顿大学取得电子工程硕士学位,并在斯坦福大学获得高级管理培训。他曾效力于英特尔公司,拥有涉及闪存、通信、互联网安全和商业方面的 14 项美国专利。从学识和技术来讲,宓群的个人素质都首屈一指。然而,宓群意识到,对创业者而言,有时成功所需要的并不仅仅是资金和技术,更重要的是商业模式和经验,以及对市场的深入了解。正在此时,在搜索世界已经撬开一个全新天地的谷歌再次找到他,他们希望宓群来谷歌创业,发展亚洲地区特别是中国市场,这一次,宓群接受了工作邀请。

在谷歌,员工可以拿出 20％的工作时间,从事本职工作以外的项目。2003 年担任亚洲产品总监的宓群通过内部邮件召集了 40 人,并从中精挑细选,组成了一支 10 人"Google CJK"(中国、日本、韩国团队),其中就包括现任腾讯搜搜首席架构师朱会灿、曾著有《浪潮之巅》和《数学之美》等科技畅销书的谷歌科学家吴军、木瓜移动创始人沈思等。这些接受了美国计算机教育,怀揣着激情和梦想的年轻人,正式开启了谷歌中国之旅。

## "这是很 googlely 的一群人"

在谷歌的日子里,宓群感受到了这家公司的与众不同之处。"这是很

googlely 的一群人。"宓群这样形容他的伙伴：他们极其优秀，头脑聪明，想改变世界；他们阳光，对用户、产品充满激情，有强烈的团队协作精神；他们也非常理想化，所以能够完成那些普通人难以想象的事情。正是如此，这家公司得以在成立 10 年时(2008 年)就发展为一个市值将近 1500 亿美元的公司；到了上市后的第 10 年(2014 年)，这个数字已经上升到了将近 4000 亿美元。

"或许很小的一件事，就能让你看出创始人佩奇的'think big'(高瞻远瞩)。"宓群刚加入谷歌时，曾遇到谷歌搜索广告商业产品需要进行全球化多语言翻译的困难，因为国际语言众多，专业人工翻译较慢，产品的上线需要等很长时间。没想到，和大家一起开会的佩奇提出："为什么不用谷歌全球的粉丝志愿者做翻译？这样可以并行，加快速度。"事实上，谷歌多语言的搜索在当时是得益于很多志愿者的参与才完成的，类似于今天的众包模式(这也正是当时佩奇的点子)。但项目负责人和其他参会者都担心非专业翻译没办法保证质量。佩奇看说服不了他们，就脱下自己的鞋子，在桌子上敲得咚咚作响："这个众包翻译可以设计一个系统，肯定是可行的。"后来，当项目按照佩奇的想法执行时，大家发现这真的实现了，并且效果非常好。"他总是敢去想别人不敢想的事，这一点非常令人敬佩。"宓群说。

佩奇还有个观念，他认为往往公司发展到一定阶段就会停滞下来，就像 IBM。当它成为一只大象，就不得不去想要守住自己的山头。但佩奇不希望谷歌变成这样。他认为一家公司如果拥有了 10 倍的人，就应该做 10 倍以上的事，进行 10 倍以上的创新。正是基于这样的想法，谷歌尝试了无人驾驶汽车，并开始从事早期癌症探测系统的开发。"很多人以前根本想不到的事他都会尝试去探索，他看待事情完全是突破性的，并且能把问题想得很深。"宓群说。

要让谷歌真正成为一家伟大的公司，解决未来的难题，就意味着它不得不寻求全球最聪明、最卓越、最高素质的人才。很显然，你必须站在金字塔尖上。

比如,谷歌的面试流程通常是:招聘不能由主管决定,而是通过招聘委员会,面试者经过层层关卡,每一次面试内容都会被面试官记录在案,并在 24 小时内录入系统,保证下一个面试官看到前面的所有回答。招聘委员会最后会综合所有的内容和评语做出决定,甚至包括应聘者在校的每一门功课成绩。这使得它非常公正却又极其严苛,一个面试者从初试到进入谷歌大概需要 6 个月的时间。宓群记得自己曾为谷歌推荐过 40 个人才,按照他们的个人条件,应聘到硅谷的任何公司都不在话下,但没想到,谷歌却只录取了其中 3 个,甚至 eBay 的副总裁到了这里都没能获得一个总监的职位。

## 从职业经理人到投资人

在谷歌的工作生涯对宓群日后的人生选择产生了重大影响。2008 年离开谷歌后,他加入总部位于美国硅谷、管理着超过 27 亿美元资金的光速创业投资基金,担任合伙人及董事总经理。从最初自己获得风险投资创业,到在谷歌进行战略投资,再到成为职业投资人为创业者服务,宓群对投资也有了超越资本运作层面的理解。首先,他一直认为自己是创业者,无论是早期成立公司,还是到谷歌内部创业,甚至成为基金公司领导者。在他看来,用创业者的心态来做投资,就会更了解他们需要什么样的帮助和支持。其次,在谷歌的经历,让宓群接触到世界顶尖的产品和技术,从而对行业的理解更精准,对未来趋势的判断也更具有全球观。因此,他对投资的判断往往比行业提前好几年。此外,职业投资人的身份也让他比过去在谷歌能有更大范围的涉猎。比如他在 2011 年就判断中国经济转型需要有更多差异化的金融服务,投资了从事金融产品的互联网搜索公司融 360。当时行业还没有提出互联网金融概念,如今融 360 已经成为中国互联网金融的领军企业。

2011 年,考虑到中国快速发展的移动互联网需要决策快速化和本土化,宓群和他的合伙人又再次创业,从总部独立,创立了光速安振中国创业投资基金,专注中国市场的本土化投资。如今,已经完成第一期 1.7 亿美元和第二期 2.6 亿美元的募集。两个基金早期投资了很多行业领先企业,包括互联网金融企业融 360、拍拍贷、O2O 与共享经济结合的途家、e 代驾、房多多。在不太被其他风险投资看好的企业 IT 技术产品领域,光速安振和 Google Capital 联手投资了位于苏州的大数据中心旭创科技,这家成立于 2008 年 4 月的创业公司,已经成为新一代云计算光通信模块的领导者,其客户包括谷歌、亚马逊等北美一流数据中心和数据通信公司,公司收入 60% 以上来自美国市场。除了在战略布局上与光速安振和 Google Capital 视野一致外,打动投资人的是旭创科技曾在国际市场上多次击败国外竞争对手。而这笔融资,也是 Google Capital 在华的首笔、亚洲的第二笔投资。

互联网发展日行千里,宓群认为作为投资人拥有好奇心非常重要。在美国,谷歌以 32 亿美元现金收购美国智能家居公司 Nest Labs。宓群开始注意与"Internet of things"(物联网)相关的项目,2014 年,光速安振投资了中国首个家庭智能陪伴机器人——小鱼在家,这个定义家庭陪伴的专有设备,是智能硬件和云服务的有机结合。

除此以外,一些谷歌人的创业项目也得到了宓群的垂青,广告公司 MediaV 聚胜万合即是其中之一。毕业于清华大学的才女胡宁拥有卡内基·梅隆大学计算机博士学位,曾参与完成谷歌音乐等项目。离开谷歌后,她与杨炯纬创办的 MediaV 以算法技术切入互联网广告领域,其客户包括京东、优衣库、雀巢等。

# 异 类

1991 年 8 月 6 日,世界上诞生了第一个 WWW 网站,其发明者是英国科学家蒂姆·伯纳斯-李(Tim Berners－Lee)。伯纳斯-李的父母都是数学家,他从小在数学的熏陶中长大。早在 1980 年,在欧洲核子研究中心(CERN)工作时的伯纳斯-李就提出了超文本(hypertext)的概念。1989 年,他把超文本系统和传输控制协议、域名系统结合在一起,提出了万维网(World Wide Web——WWW)概念。他还设计和实现了第一个 WWW 浏览器、第一个 WWW 服务器(CERN HTTPd)和第一个网站。因此,伯纳斯-李也被称为万维网之父。虽然互联网(internet)这个词的词义宽泛,但如今大多数人都把它理解为万维网(WWW)。

如果说伯纳斯-李的万维网拉开了现代互联网的帷幕,在 20 世纪 90 年代初的短短三四年时间里,一场继 19 世纪工业革命后最大的商业革命正在爆发——客户端软件(即浏览器)、服务器软件(即 Web 服务器)、操作系统以及新型的计算机语言相继出现并快速成熟。一批伟大的互联网公司即将诞生。

加拿大怪才马尔科姆·格拉德威尔(Malcolm Gladwell)在他的畅销著作《异类》一书中,试图揭露成功人士的秘密:史蒂夫·乔布斯(Steve Jobs)、比尔·盖茨(Bill Gates)都出生在 1955 年;1968 年,盖茨所在的湖滨学校创建了一个电脑俱乐部并拥有了世界最先进的 ASR－33 电传打印机,这让盖茨得以成为美国最早学习电脑分时系统的学生之一……除了天资聪颖、才华出众,一个人的成功更重要的是他们经历了特殊的社会文化背景以及坚持不懈的训练。

宓群出生在 20 世纪 60 年代末的上海,他的父母都是华东师范大学物理学教授。从小受到家庭熏陶,宓群对新事物有着强烈的好奇心。上小学时,宓群已经读遍了家里能看懂的所有图书。当父亲告诉他,隔壁住着一位拥有数不尽小说和文学藏书的中文系教授时,他高兴极了,形容自己就像"老鼠掉到了米缸里"。

虽然中国的计算机发展比美国慢一些年,但出生在中国大城市的宓群,在小学时便有机会加入上海少年宫计算机组,那是全中国最早期的电脑教育培训机构。第一次参加上海第一届计算机竞赛的宓群就获得了一等奖,并代表上海参加全国竞赛。1989 年,在跳级从上海复旦大学物理系毕业后,宓群远赴美国读书。

正如这一部分开头所言,在美国普林斯顿大学读书的宓群,见证了现代互联网的诞生。1992 年,他进入全球最大的个人计算机零件和 CPU 制造商英特尔公司工作,从那之后,宓群的生活轨迹就与最前沿的计算机科学的发展再也没有分开过。后来加入谷歌的他,经历了多年的科技创业和互联网产品的锤炼,因此可以站在整个行业发展的高度,看到未来趋势,从而做出投资判断。

其实,宓群儿时与互联网结下的不解之缘,与其后的事业密不可分;而他或许不知道的是,自己的经历还影响了另一个人。当时,获得上海第一届计算机竞赛一等奖的宓群经常在《计算机世界》发表文章,一个小他两岁的年轻人记住了他。"梁建章、宓群的名字经常在上面出现。报纸每一期都有些程序例子,我就把那些程序改一改,输到电脑里去做试验"。这个按照报纸去做试验的人,正是 2011 年在美国纽交所上市的奇虎 360 公司董事长周鸿祎。周鸿祎曾对外透露,对自己今天事业影响最深的两份读物:一个是美国著名传播理论家埃弗雷特·M. 罗杰斯出版于 1984 年的《硅谷热》,其中苹果创始人乔布斯和沃兹尼亚克的苹果传奇深深打动和影响了他;另一个则是他有机会读到的计算机读物,由此他开始了编程实验。

"现在想来,比较幸运的是我一直赶上整个计算机行业的大变化。从个人计算机的发展,到互联网成长,到现在移动互联网的日新月异,还有未来的智能设备和云计算。能在这种大的浪潮中抓住一个机会,这真的特别重要。"宓群说。

还有一个故事给了宓群启示。当他刚到普林斯顿学习计算机的时候,面试的老师曾对他说,你应该多选修历史、文学这样的学科。而一直学习理工的宓群心想,自己刚从物理学转到计算机,老师怎么会出这个主意? 当时老师就对他说,以后你就不太会有这样选择的机会。"后来我对此深有体会。实际上一个人的发展,综合素质特别重要。"宓群说,在复旦大学二年级时的物理考试,已经达到美国博士资格的难度,美国的教育并没有深到这种程度。后来参加工作,宓群发现,用到物理学理论的机会并不多。他在英特尔公司发明了一种技术,从一个存储单元存一个比特到两个比特,而成本不增加,这用到了一些基本原理;但是后来进入谷歌做投资,跟物理一点关系也没有,而如果当年自己选修了文学或者艺术,反而也许会有新的启发。这就像大学没有通过一门功课考试的乔布斯,学习了书法,才有了今天苹果的字体。"重要的是你怎样去学习。真正的素质教育,很难用考试成绩去衡量。"

有了这样的感悟,在教育孩子的过程中,宓群更注重对孩子人格、特长的培养。儿子酷爱足球,他鼓励儿子参加各种校外的体育比赛;他发现12岁的儿子对大多数英超球员的信息、转会估值倒背如流,并能判断教练如何安排队员上场,他又鼓励儿子参加了一场电视台英超足球节目解说的海选比赛,颇感兴趣的孩子得了第二名,在全部都是大人的比赛中,他是唯一的小孩。宓群告诉他,一个人做自己最有兴趣的事非常重要。

然而从小就接受应试教育、习惯了考试名列前茅的宓群,却认为自己的学霸经历也会带来一点负面影响,那就是个性往往求稳,缺乏冒险精神。多亏了自己毕业后到英特尔工作,受到硅谷创业热的影响,才有了后来创业的勇气。"创业往往是需要去冒险的,你不能等到所有的事都想清楚,四平八稳了才去开始,那时候机会可能就没有了。"他的儿子在父亲节的作文里,特别写道:"父亲给我的最大启发,就是学会冒险。"

给宓群人生轨迹带来很深影响的还有他的父母。作为大学教授,他们一生过着清贫的日子,甚至在很长时间里都住在学校分配的宿舍中,但她的母亲却总是无私地帮助学生。有一次,一个学生摔断了腿,并不是班主任的母亲煮了鸡汤,自己一口也舍不得喝,却端着碗送到了学生宿舍。"她那种非常朴实的待人接物方式对我影响很大，人的幸福最终不只是获得成功，更多的是你怎么去无私地帮助别人。"

如今从事投资工作的宓群深深领悟到了这一点。事实上，很多创业者都会找他咨询各种问题，即使不投资，宓群也会尽量帮他们出谋划策。同时，在 xGoogler 的圈子中，宓群也是谷歌人的创业指导员。大家无论遇到什么创业问题都会找他。令他欣喜的是，从大公司走出去的 xGoogler 们正在迸发出空前的创业激情。2014 年 10 月，在从北京的办公室搬回到上海后，他组织了这里的第二次 xGoogler 聚会，宓群在自己的社交网络上感慨道："明显的变化是创业的人越来越多了！"

宓群的梦想是能够帮助到更多的优秀创业者，去改变社会。"这是我当下觉得最有意义的一件事。"宓群说。

**TIPS**

宓群曾亲自参与创业，体会过创业的艰难与失败；他也曾将谷歌带到中国，深度接触谷歌创始人。他的经历带给我们几个启发：

第一，即使有优秀的履历和才华，在缺乏商业经验和模式判断的情况下，也未必能取得创业的成功。因为创业所需的不仅是资金和技术，更多的是经验积累。对创业者而言，如果能总结经验教训，或者有机会到大公司学习和历练一段时间也许是不错的选择。第二，即使在小事和细节上，也要敢于想象和实践，没有什么难题不可突破。第三，很多公司发展到一定阶段就会停滞下来，只想"守业"，但这只会令其流于平庸，想要基业长青，靠的是创新、再创新。第四，想要成为最伟大的公司，就要舍得聘请最聪明、最卓越、最高素质的人才，只有优秀的人在一起才能发挥更大的聚合作用。

作为职业投资人，宓群的思考是：第一，拥有创业者的心态很重要，这样可以更了解他们需要什么样的帮助和支持；第二，只有在硅谷接触世界顶尖的产品和技术，才能对行业理解得更精准，对未来趋势的判断也更具有全球观。

# 预见未来

在谷歌中国，有一位特殊人物。他出生在台湾，年少时前往美国求学，并获得诸多成就。1990 年，当他第一次踏上中国大陆的土地时，他就相信自己的未来会和这里息息相关。他是影响了一批批高校学生求学就业的人生导师，是两家跨国企业的中国区高管，如今，他成为中国互联网圈最著名的创业者和投资人之一。他就是谷歌中国领军人物——李开复。

## 招收"关门弟子"

2005 年 9 月的一天，"李开复将在中国招收 50 个关门弟子"的新闻，突然引爆互联网——在结束微软诉讼后，李开复以这样的方式公布他的新身份：谷歌全球副总裁兼中国区总裁，并正式启动谷歌在华人才战略。"这些新加入者将根据自己的喜好选择项目组；他们会有很多国外同事，并有可能和他们一起成为某项技术之父;谷歌鼓励员工用20%的工作时间学习其他自己感兴趣的东西;我会亲自帮助他们设计职业规划,并和他们保持交流和沟通,安排他们去美国参加培训……"与此同时,谷歌还对外招聘一个特殊岗位:一位五星级大厨,为员工提供创新的中西式餐点。此消息一出,除了互联网,更在高校圈引起轰动:如此优厚的待遇和无尽的发展空间,像磁铁一样吸引了学子们的热情参与。

事实上,李开复刚刚说服几位在美国工作的年轻人回到谷歌中国,他们包括科大少年班毕业、在斯坦福大学获得 MBA 学位的郭去疾;小学时移民巴西,又在美国得克萨斯州、斯坦福大学学习计算机的俞可;来自 IBM 的北大才女陶宁;谷歌早期员工,也是出自科大少年班、在斯坦福获得博士学位的周红;内地出生、香港长大,并在斯坦福大学获得硕士的陆韵晟等等。

2005 年 9 月到 10 月间,李开复和上述几位年轻人马不停蹄地穿梭在中国十几个城市的高校中。前《大学生》杂志编辑、现任创新工场联合创始人的王肇辉曾与他们一起经历了这个过程。他回忆道:"那时我跟开复每天早上 5 点起床,飞 7 点半的航班,连续旅行,去很多城市,每天面对成千上万的观众演讲。我年纪比他小很多,应该有体力支撑,但后来我都支撑不下去了。我们就给开复起了个绰号叫'铁人'。"每一场演讲过后,都有上千人参加笔试,最后有 50～100 人进入电话面试,接下来则要到北京参加最后角逐。李开复说:"那时的竞争激烈程度远超想象,几乎是千里挑一的程度。"

为了吸引那些顶级人才,李开复甚至登门拜访优秀学生的家长。当时,谷歌在中国刚刚起步,有点像创业企业,家长们并没听说过这家公司,在他们的观念里,还是希望子女进入微软、IBM 这样的"大企业"。为此,李开复邀请他们吃饭,甚至写信给他们。渐渐地,看过李开复的书信和书后,他们开始支持子女的选择。"当年这些中国孩子愿意说服父母让自己做一些他们不支持的事情,这本身就是一种冒险精神,这是来自勇敢、未来的召唤。"

2006 年 1 月,50 名"关门弟子"齐聚北京。他们各个聪明绝顶、勤奋好学又阳光乐观,骨子里也有很强的创新精神。事实证明,谷歌中国第一批员工,决定了后来谷歌中国的基因。而这些优秀的年轻人,在离开谷歌后,也成了优秀的创业者。比如,曾经是谷歌最年轻华人总监的周杰,后来创办浪淘金,成为最早的谷歌帮创业者。从美国谷歌回国的周哲和陆韵晟,如今创办了平板电脑和系统公司技德科技;邸烁曾和宿华一起合作,如今邸烁成为汽车智能操作系统智歌科技的创始人之一,宿华则开发了 GIF 快手;蔡建作为关门弟子之一,后到美国谷歌工作多年,如今创办了中国的谷歌文档(Google Docs)"一起写";而王俊煜、崔瑾、李大海参与创建的豌豆荚则在创新工场的呵护下苗壮成长。

"那一批种子都是今天谷歌创业帮的小苗。谷歌中国早期人才的架构,意义大于公司的市值、产品模式。因为人才是不可复制的,这些人的结构不仅奠定了谷歌中国当时的产品,也奠定了很多未来的发展方向,这就像一个中国互联网创业的黄埔军校。"王肇辉评价说。

"如果一个人在 20 年间创立了 10 家公司,哪怕并非全都成功,但是每家公司有 50 人,那就是影响了 500 人。这 500 个人,走出去又会不断发散他们的创业、创新力量。所以,一个人的价值早已超越了个体,这种谷歌精神是绵绵不绝的。"对于谷歌创业帮的"蝴蝶效应",李开复十分自豪和感慨。

可回想当年,选择突破层层阻挠加入 Google,带领一众年轻人开始在中国互联网的原始丛林中冒险,对李开复来说也是一次全新挑战。"勇于选择的基因早就埋藏在我父辈的血脉中。"李开复说,这与他的成长经历密不可分。

## 改变世界的声音

李开复出生在台湾,父亲李天民早年毕业于日本早稻田大学。留学回国后,他在南京《中国日报》任总编辑,后到中央军校成都分校任教。母亲王雅清,19 岁就追随李天民,经历了抗日战争和解放战争,又从大陆辗转来到台湾。

坚韧的母亲在 43 岁时生下李开复,这让他从小集万千宠爱于一身。20 世纪 60 年代,台湾兴起留学美国热,李开复的大哥考上美国杜兰大学,毕业后成为一名科研人员。然而当大哥学成归来,却发现台湾的教育还是八股式、以考试为中心,于是他希望自己最小的弟弟早些去美国读书。在他的帮助下,1973 年,12 岁的李开复第一次登上飞机,开启留学生涯。

"去美国做小留学生这件事对我的人生很重要,否则我就不会在世界顶尖的体系里学到很多东西,包括自信心和自我选择的能力。"李开复说。在美国,年少的他经历了初次离家的艰难,似乎一夜长大。两年时间内,他疯狂地攻克了英文,甚至入围了州际作文比赛前十名。高二那年,他的数学天赋也崭露头角,参加芝加哥大学数学天才训练营,并获得了州际竞赛第一名。年仅十几岁的李开复,还成为学生会副主席和学校"搞笑校刊"创办者,并因高中学生创业尝试项目获得荣誉,被全校评选为"将来最可能成功的人"入选者。

1979 年,在申请大学时,李开复遇到了一次挫折,他并没有被自己梦想的哈佛大学法律系录取。不过,常春藤联盟的哥伦比亚大学向他伸出了橄榄枝。谁曾想,这个选择却成为李开复人生的第二次重大改变。过去,他认为自己喜欢法律,希望未来成为一名律师,进入哥伦比亚大学时,他也毫不犹豫地选择了"政治科学"(是法学博士的预科专业),然而上了几门课后,他却发现自己对此毫无兴趣。相反,自己在计算机方面的天赋却显现出来。大二下半学期,他正式决定改变专业,进入"计算机科学"专业。

哥大法律系当时在全美排名第三,如果继续学习法律,李开复的前途可能是以下几个:做法官、律师、参选议员;而在当时,计算机专业并不是很火的专业,毕业后也未必有好的出路。但这一次,李开复的感性却占据了上风:"未来这种技术能够思考吗？能够让人类更有效率吗？计算机有一天会取代人脑吗？"一想到这些问题，他就心潮澎湃，相信这才是自己一生的意义所在。

在学习计算机的过程中，李开复的潜力再次被激发。在被公认为最难通过的"可计算性和形式语言"课程中，他考到 100 分，创造了该系纪录。1983 年，他以计算机系第一名的成绩从哥伦比亚大学毕业，进入当时计算机科学专业全美排行第一的卡内基·梅隆大学攻读博士。1988 年，他将统计学的方法应用于语音识别，准确率达到 96％，被《商业周刊》评选为 1988 年最重要的科学发明。

博士毕业后的李开复拒绝了工作邀请，接受教授的建议选择留校任教，并被破格允许带博士生。那是一段轻松快乐的日子，根据学校的制度，如果继续在校任教，他可能得到终身教授的职位。然而此时，李开复身上不安分的血液再次让他蠢蠢欲动。一方面，他对学校的一些杂事感到厌烦；另一方面他也自问：即使一辈子论文著作等身，对世界又有多大影响力？在李开复心里，改变世界的声音越来越强大。1990 年，他接到苹果公司的工作邀请，鼓足勇气提出了离校申请。这一次选择，也让李开复彻底从象牙塔走向了充满未知、挑战而又美妙的商业世界。

## 在商业世界探险

如果回顾李开复前 20 年的职场生涯，他的名字和几个赫赫有名的科技公司紧密相连：苹果、SGI（Silicon Graphics，美国硅图公司）、微软、谷歌，每一个都是具有改变世界雄心的顶级公司；同时，在复杂的商业丛林中，他也获得了全方位的宝贵经验：关于产品、管理、颠覆、竞争、创新……

初到苹果，李开复见识了这家酷公司的与众不同，这里活跃着一批牛人：

彼得·米勒(Peter Miller),曾是著名软件 Lotus 1-2-3 作者之一;菲尔·高德曼(Phil Goldman),后来创办了 Web TV(1997 年被微软以 4.75 亿美元买入);安迪·鲁宾(Andy Rubin),正是后来的安卓(Andriod)之父。在苹果,李开复完成了从研究到产品的转型,使语音识别成为公司的明星项目;他开始积累管理经验,从科学家成长为苹果最年轻的副总裁(互动多媒体副总裁);他更见识到广博的外部世界,结识了 SUN Microsystems 的 CTO、后来成为谷歌 CEO 的埃瑞克·施密特(Eric Schmidt),网景创始人和浏览器之父、当今著名投资家马克·安德森(Marc Andreessen),以及 SGI 高层等。

1996 年,李开复离开苹果,加入 SGI,他开始更多地思考公司的战略地位。"究竟什么样的创新是世界需要的?"李开复认识到,产品的成功,不光取决于技术,而且取决于市场,尤其是渠道建立是否正确。此外,控制财务风险、激励销售人员也非常重要。还有,作为技术出身的管理人员,他意识到这个出身的两面性:好处是,技术人员可以看到产品的发展趋势甚至预测未来;弊端则是技术人员往往忽视整体运营,注重智商而忽略管理中重要的情商。

李开复说,"选择一个工作的标准,那就是成长、兴趣和影响力"。他的父亲李天民曾有一个遗愿:希望为中国和中国人做点事情。他在 SGI 所在的部门遭遇出售后,处于人生低谷的李开复却迎来了他职场中最珍贵的一次经历——进入微软,到中国组建一个世界一流的研究院。

这个计划令李开复非常兴奋,虽然这听起来有点像"不可能的任务":过去,李开复从来没有在中国大陆长期居住过,虽然他觉得中国年轻人很优秀,未来的发展机会很大,但是,能否在这里找到一批高水平的博士尚是未知数;另一方面,想要说服一些在美国工作生活多年的工程师回国也并非易事。然而,越是艰难,李开复越想要挑战,他希望创造一个奇迹。

1998 年,他终于找到了几个志同道合的伙伴——微软测试经理陈宏刚、资深软件工程师凌小宁、秘书陈蕾,正式回国创建了微软中国研究院。随后,张亚勤、沈向洋、张宏江、黄昌宁、林斌、邸烁等也陆续加入其中。

吸取了过去工作中的经验教训,李开复希望做一个"有用"的研究院:第一,不设定过于长远的目标,而是聚焦 3～5 年可实现的研发项目上;第二,国外研究院大多都是各自为战的状态,每个人都自认为是大师,而中国研究院要采取兵团作战,即确立几个"司令",在他们的带领下共同作战。这对于提升效率非常重要。在这个过程中,微软中国研究院开始完成产品转移,并获得了向比尔·盖茨汇报的机会。

2000 年,李开复被调回微软任全球副总裁。在西雅图,他参与了 MSN、Windows Vista 项目的推进,也帮助盖茨在中国进行政府和商务合作的斡旋。履行使命的同时,他也看到了微软公司在发展中的瓶颈。微软花费冗长的周期开发一套软件的时代已经过时,而新崛起的互联网公司,则是小而快。此时的谷歌,正代表一个新时代,这里天才云集,是互联网最受尊敬、最成功的公司。在经历了一个艰难的诉讼后,2005 年,李开复加入谷歌,这是他人生中又一次重要的抉择。

在谷歌中国,李开复开始尝试一种真正的放权:让天才工程师自己去选择有兴趣的项目做,成熟的工程师们自己选择产品去研发,随着对中国的了解加深,他也发现,这里的人才越来越成熟和出类拔萃。

从苹果到微软、谷歌,经历了全球科技界最具影响力、市值最高的三家公司,李开复对它们也有了自己的评价。在他看来:

苹果重视用户体验和美的设计,真正在乎细节、专注完美、近乎苛求。因此,这家公司成了少数用户(如今则是大量用户)真心热爱的高科技公司。苹果有改变世界的精神,并且不屑于微创新,励志大胆做出用户"自己还不知道自己需要"的产品。正是这样,苹果引领了不同产业——电脑、手机、音乐、软件商店等多次示范式转移。

微软的优势则是长于战略分析、商业模式。它能够分析透每个细分产业的发展和商机。他们有强大的分工和担责精神,能够把大项目拆分成小块,由少数明星人物领头,带领大团队分批执行。

谷歌是技术驱动的科技平台,也云集了一大批一流人才,他们用"自己想怎么被管理就怎么管理这些天才"的精神招揽最棒的人。谷歌的决策是科学化、互联网化,参考真实数据后才做出判断。如果说微软是航空母舰,谷歌则像一艘快艇,能利用小团队+实时回馈+主人翁感打造和创业公司一样快的产品更新和创新。

然而,这几家公司也有自己的弱点和挑战:

苹果从基因上来看是一家硬件公司,一直没有抓住软件的核心。它认为软件的存在就是为了支持它的硬件,这种思维导致苹果一直没有做出相对于硬件独立的软件。此外,苹果文化具有一定程度的"优越感"——"你能做我的员工,是你的荣幸",因此在员工福利方面,或者对职衔方面比较"小气",不如其他一些顶尖公司。最后,乔布斯过世已经三年半,苹果只推出了一个崭新产品iWatch,而且评价还好坏参半。因此,苹果最大的挑战是:没有了乔布斯,它还能创新吗?(这里不是说创新都来自乔布斯,而是他能够在上千的员工创新中,砍掉大部分项目,有眼光挑出并支持那些能改变用户体验的项目。)如果苹果不能再继续以创新领跑全世界,那么 Android 或小米带来的 95% 体验、50% 价钱,就会给它带来灾难。这件在 20 世纪 90 年代的 Mac 和 PC 大战中颇具教训的事①,可能也会发生在手机上。

至于微软,它似乎已经脱离了一线公司的阵营,这是因为它一直没有抓住

---

① 苹果领先微软推出了图形用户界面与个人电脑,但其系统封闭、价格高昂,而微软以低价、开源的方式席卷和垄断了 PC 市场。

四大趋势：网络（internet）、移动（mobile）、社交（social）和物联网（hardware/IoT）。在网络方面，它投入巨资开发的搜索引擎却依然远远落后，每年赔钱。在移动方面，它曾经是唯一的 smart phone OS，却把市场份额拱手相让。在社交方面，除了投资 Facebook，它没有任何成绩。物联网其实是微软很早开始的部门（X Box），但却没有抓住最近的机会。微软根深蒂固的问题在于：第一，公司思维比较封闭（因为不在硅谷），对业界动荡体会不够深刻（错过了这四个趋势），固有的商业模式很难改变（例如 Windows 收费，这点最近有所改变），而要改变这些公司文化很难。第二，微软的两大商业模式——Windows 和 Office，不但带来了创新者的窘境（旧的商业太大，成为包袱，不愿意去做新商业），而且都面临巨大的灾难，每年我们都看到灾难"快要降临了"，但都没有到来。微软还能躲过多久呢？兴起的小而新的商业项目做得不错，但是能足够快速地成为新的支柱吗？第三，微软的产品模式也比较过时：团队巨大，工程师和架构师权力太大，产品经理相对弱势，对用户不够敏感，开发周期太长。在更新迅速的互联网时代，这样能有竞争力吗？第四，因为不被很多年轻人认为是一线公司，比较难得到顶尖人才。

　　谷歌最大的挑战是它有"最容易作恶"的最大、最有价值的数据，却有"绝不作恶"的承诺。它能够束缚自己的手脚，不被大数据诱惑吗？如果别的公司都会动用，它能忍住不用吗？如果一旦用了，由于它的"不作恶"（Do no evil）理想已经把自己放上了神坛，所以定会被攻击得很惨。谷歌是个理想主义的公司，当它看到一件事符合它的理想时，它毫不在乎外部因素。而且谷歌在创办人说了算的环境里，推崇比较固执任性的工程师文化：当我没有错时，我就要证明我对、你错，绝不妥协。它和欧盟的僵局就是这样一个例子，但是，没有柔性的政府关系是危险的。谷歌碰上的垄断问题，有可能会牵累整个公司（微软就是为了处理垄断调查，最后整个公司疲惫不堪；为了不触犯法律，谨慎到流程变缓)。另外,谷歌自认为是个以科技为核心的公司,所以希望不断地在各个领域带来颠覆。但是,在硅谷其实颠覆者都是小公司。所以谷歌会不会还没有颠覆别的领域,就被小公司颠覆了呢? 从硅谷的发展看,这是难以避免的。最后,在非核心领域的产品,似乎总是碰到问题(当然,另外两家公司也是)。

其实,这些挑战大部分都是这些伟大公司成功的双刃剑的另一刃,或许是无法逆转的。另外,每个公司有它的"15 minutes of glory"(15 分钟荣耀)。现在,微软的 15 分钟已过,苹果、谷歌的 15 分钟也所剩不多。但是,伟大的公司,即便 15 分钟过了,它们对世界的贡献和在历史上的地位是会永存的,就像柯达、福特、HP、IBM 一样。[①]

"比尔·盖茨是一个极客型的人,他是极客中商业头脑最好的,他一直深信一小批聪明人可以带动 1 万人造出一艘航空母舰。他思考如何用先进的技术造福人类。拉里·佩奇不要 1 万个人,他只要找 10 个天才,来降低摩擦、政治斗争的种种可能。同时,他相信一个聪明人可以顶 10 个普通人。即使是用复杂的方法,谷歌也会在用户面前呈现最简单的表达方式。乔布斯是一个真正颠覆世界的人,他能够将商业模式和艺术、战略眼光相结合,做出一件美妙的东西,让你爱上它,并与它产生情感的联系。这就是不同的三个人。"

"假设比尔·盖茨和拉里·佩奇是 1000 万人中 10 年出一个的人才,乔布斯则是 1 亿个人,50 年才能遇到一个的那种天才。"李开复说。

## 谷歌往事——隐秘与伟大

什么是真正的 Googler(谷歌人)? 在这家神秘的互联网公司向天才们广撒

---

① 以上关于三家公司的内容经李开复授权,选编自其在 Facebook 上发表的帖子。

大网时，很多人都想知道这个答案。李开复认为，他们应该是"创新实践者"。所谓创新，是指可以实践的创新。谷歌希望有激情的工程师能够从构思到编程一气呵成，这不仅能提升效率，还可以激发他们的主人翁意识。所谓"实践者"，则意味着每一位员工要苦练内功，不仅要学好各种计算机语言、工具，各种结构、算法、数据库课程，还要有丰富的编程经验，最好在上大学时就编写过 10 万行以上的程序。哪怕做产品经理，也要有很强的技术。此外，Googler 还应该有很高的情商，有团队精神，愿意沟通合作。

谷歌非常注重人才出自名校（这里斯坦福、MIT、哥伦比亚等名校毕业生云集），所以 Googler 们都是超级学霸；此外，谷歌的面试大部分是用英文进行的，如果应聘者没有足够强的沟通能力和英语能力，就很难通过。当然，谷歌还有"work hard, play hard"（努力工作、尽情玩耍）的传统，在谷歌总部，好玩的东西层出不穷，员工甚至可以带宠物上班，并尝试各种趣味性的东西。谷歌杜绝官僚主义，老板们也不会独享宽大的办公室。李开复依然记得他见到拉里·佩奇和谢尔盖·布林的那一天——佩奇骑着自行车到达海岸高尔夫球场中的麦克餐馆，布林则干脆身着紧身衣、脚踩踏板而来。曾经，一个新员工和著名的人工智能科学家彼得·诺维格（Peter Novig）分到同一间办公室；据说，还有员工干脆把工位搬到 CEO 埃里克·施密特的办公室里，这让施密特不得不走出办公室接听那些重要的电话。

正是在这样的文化氛围的熏陶下，创办谷歌中国的日子是美好的。自由、快乐、放权、宽容、追求平等的文化被引入这个全新的市场。对李开复而言，这也似乎是个完美的开始。

然而，一旦真正进入复杂的商业世界遨游，在童话的外衣下，险象环生的内外风险已经开始冲击这个襁褓中的婴儿。

最大的挑战来自于谷歌的"不作恶"（Do no evil）价值观与中国市场特殊性

的冲突。如果服务器设在中国，意味着谷歌不得不履行中国政府的审查程序，并遵守中国的法律，而在强调"客观、公正、完整、不人工干预"使命感的谷歌，有很多对中国国情不了解的工程师甚至管理者不愿为此做出特殊妥协。他们不断施加压力，甚至将这种压力上升到媒体，美国国会也要参与听证。2006年，尽管在这件事上，谷歌的三位统帅一度达成了一致，并给予了中国市场信任和破例，然而，这种隐忧并未得到真正铲除。

一波未平一波又起，谷歌中国又出现了"ICP(因特网内容提供商)牌照风波"。虽然采用外资公司借国内合资互联网公司牌照壳上线的模式屡见不鲜，但由于谷歌受到空前的关注，使得刚刚诞生不久的 google.cn 被推向国内舆论的漩涡，谷歌又深陷被相关部门判决"违规经营"的担忧。因为不得不暂时接入 google.com 的国外服务器，产品的稳定性也大打折扣，在商业竞争中，迎接谷歌的是狂风骤雨。可以说，在试图大展宏图的同时，2006年，却是内忧外患的一年。

事实上，曾经经历微软官司的李开复对很多事已经有了新的认识：那就做能做的改变，不去计较那些不能改变的事实。谷歌中国前三年，他恪守的最大准则是，在这里打造一个人才济济的研发中心；在业务上，只有一个核心，那就是：搜索、搜索!

如果现在回顾谷歌中国三年的成绩单，它是曲线上升的。李开复回忆，搜索份额从最低的9％做到最高的24％；营业市场份额从几乎是0(当时不销售广告)，做到35％。这正是坚持"搜索"一条路走下去的结果。当时，一直梦寐以求做搜索的研究院副院长刘骏，也和团队实现了很多技术上的突破。

李开复评价说："如果抛开服务器退出中国的结果，我们曾经拥有的，如果按今天百度近700亿市值估计，即使谷歌只是它的1/4，也是一家巨型公司，仍然不容忽视。"

那么，谷歌退出中国的最大遗憾是什么？或许这个问题在几年后有了一个新的答案：那就是移动。即使搜索做到1/4，在国内竞争环境和总部压力下，这个数字也很难维系和突破。然而，安卓作为谷歌的一套开源系统，如果用一套商业模式去运营，或许今天的市场，不会被拆分成无数个应用商店，甚至不会有小米、锤子、乐视的机会。"谷歌的放弃是一种遗憾。而它的撤出也可以明显看到它不要的市场，哪些在中国可以得到机会。安卓的生态环境跟美国不同，里面有大量机会。谁有这个眼光，就成为今天的受益者。"李开复说。当时的谷歌工程研究院副院长林斌，做事非常有激情，也敢于尝试新事物，他带领团队负责移动项目，与安迪·鲁宾密切合作。如今，他参与创办并担任总裁的小米科技，已经成为安卓系统的最大受益者。而创新工场孵化的移动应用豌豆荚，也是基于这套开源系统的成功尝试。

"如果当时谷歌留下来，今天这个局面应该会不一样，安卓会成为谷歌最有价值的业务。当然这件事没有发生，但是我们至少证明了别人认为做不到的事情我们做到了。"

那么，如果问谷歌留给中国的最大财富是什么，或许可以从两个意义上来看。

从"事"上看，谷歌的价值在于一整套做事方法，比如说评估层级、OKR（目标和关键成果）系统、内部沟通机制……一直到创办创新工场，孵化豌豆荚、知乎，都在沿用这个模式。以OKR系统为例，它是区别于KPI（关键绩效指标）的考核机制，需要员工自我制定业绩目标，由平行部门来打分，而不是过去简单的上级设定目标下级完成。它的特色在于，员工不能设定一个可以轻易完成的指标，而是要有高瞻远瞩的目标。从执行上，不用认为每个目标都要100%达成，做到七成就可以过关，全部达到则是amazing（惊喜），因此这个评估系统特别奖励那些顶尖的人才。

还有谷歌留给中国的文化，已经被 xGoogler 渗入中国的各大公司和创业企业中。比如，他们骨子里学到的技术、开放式文化、如何雇用最聪明的人、提供好的福利、有钱大家分而不是老板独占以及对技术的尊重,尤其是云端大数据、移动,还有看到谷歌如何成就未来——一小批聪明人,可以比一大批不那么聪明的人做出更伟大的事情。所以,如何组织他们开发产品,平衡用户需求,都是谷歌留下的宝贵财富。

李开复在微软的最后两年曾有一大批最聪明的员工被挖角到谷歌,也有很多是主动投奔谷歌而来。事实上,这是美国科技界最正常的现象:当科技潮流变革时,旧公司很难赶上新公司的发展速度,因为它很难从固有的思维中跳跃出来,这就是创新者面临的窘境。比如,做搜索的谷歌居然会把微软垄断的操作系统拿下;而今,谷歌最大的挑战者则是社交网络 Facebook,这些都令人难以想象。而聪明人总会向新的潮流奔跑。然而,微软与谷歌在处理人才这件事上的态度却截然不同:微软的方式是想办法把人留住,也会用合约、协议来束缚(微软以违反保密协议和非竞争协议起诉李开复跳槽谷歌就是典型案例);如果真的要走,双方就一拍两散。而现在,谷歌也遭遇到 Facebook 的挑战,谷歌的处理方式则是,看对方要挖的人是不是公司最重要的 10%,如果是,谷歌会以不低于 Facebook 的条件说服优秀人才留下;即使失败,也会密切地与这些离职员工保持联络。为此,谷歌总部官方还特别建立了一个离职 Googler 的组织,有专门员工关注他们的进展。谷歌甚至可以投资、收购离职员工成立的新公司。"就是在经历这样的熏陶后,这一批离开的 Googler,用这套方法在新的领域把公司经营好、把文化搭建好、把重视人才的心态确定好、把自己的基因带到了新公司,这个影响超越了谷歌的技术或其他的东西。这样的影响是最大的。"李开复说。

从"人"上来看,毫无疑问,谷歌留下的最大财富就是这些 xGoogler 本身,如今,他们已经成为中国最强大的创业群体之一。他们中,包括创新工场创始人李开复和汪华、陶宁,创新工场投资、孵化的项目——豌豆荚、友盟、涂鸦移动的创始人王俊煜、崔瑾、蒋凡、王晔,创办了百世物流的周韶宁,创办了中国最大育儿平台宝宝树的王怀南,光速中国创投董事总经理宓群,兰亭集势创始人郭去疾,云云搜索(后被新浪收购)创始人刘骏,小米科技创始人、总裁林斌;曾经参与创办云云的安兴华(现成为安的鸡尾酒创始人)、盛佳(现担任互联网金融公司先锋 CEO)、MediaV 联合创始人胡宁,技德科技创始人周哲、陆韵晟等,智歌科技创始人邸烁,GIF 快手创始人宿华,木瓜移动创始人沈思,云智联创始人田行智,晶赞科技创始人汤奇峰,曾在创新工场任用户体验总监的吴卓浩再次创业创办了 INWAY Design 和房地产 O2O 公司方橙,嘀嗒团、嘀嗒拼车创始人宋中杰等,不一而足。

即使没有选择创业,他们中的一部分也都成了互联网公司杰出的职业经理人。比如曾加入腾讯的原 Google 图片搜索创始人朱会灿、中日韩文搜索算法主要设计者吴军都曾是资深美国工程师;原中国工程研究院副院长颜伟鹏先加入腾讯,现成为京东集团副总裁;曾跟随宓群负责战略投资的彭志坚成为腾讯负责基金投资的副总裁;原中国工程研究院副院长王劲成为百度高级副总裁、曾创办云云搜索的刘骏现成为百度技术副总裁;以及原 Google 研究员、机器学习博士张栋则先后在百度、360 负责搜索业务,后来其创业团队被阿里收购……

此外,还有一个现象发生,即 Google 美国总部有越来越多人离开,比如从美国谷歌从事人工智能研究、如今创办格灵深瞳的赵勇,创办出门问问的李志飞等。"在谷歌总部的 Googler,从技术的学习上来说会比中国有更多机会,也能见识更多技术大牛,和他们讨论未来发展方向。而现在,回国创业对他们有更大的吸引力,他们也会创造更多的精彩。"李开复说,如今 xGoogler 俱乐部也从几十人增加到了几百人。

"谷歌虽然有它的使命,但留下最重要的精神是深信技术可以改变世界,这一点在五年前还有很多人质疑,但如今大家发现它可以改变手机、改变 PC,还有现在我们看到的O2O、共享经济已经渗透到生活中的每一个角落,所以深信技术可以改变世界,让它更美好,这是谷歌的核心理念。"

现在,李开复的昔日同事,最后一位同时期的Googler、离职前任谷歌中国研究院副院长的谷雪梅也离开了谷歌,加入了创业阵营。她对李开复说:"你'嘲笑'了我很多次,现在我也出来创业了,一定要做出成绩才让你知道。"谷雪梅的离开,也意味着谷歌中国一个时代的结束。李开复记得自己曾经对她说过的话:"你离开的时候请不要忘记把灯关掉。"

## 新起点: 创新工场

曾与李开复合作多年,后成为创新工场联合创始人的王肇辉依然记得创新工场刚成立的日子。"当时美元基金还没到位,我就陪开复去银行取他的个人存款给大家开工资,然后把现金放在每个人桌上,大家只需要打张收条;出差住的不再是五星级酒店,而是快捷酒店,还会自带吹风机;其实那个时候,外界对开复要做什么还不太理解。"

李开复则认为自己已经足够幸运。"得益于业界对我一直以来的支持,无论是媒体、投资人,还是行业合作伙伴,并没有让我们真正归零、从头再来,而是给了我们一定的机会。所以虽然物质方面起点不高,但我们获得了自由性解放。"

的确,对李开复而言,相比其任何过往,这的确是一次"自由性解放":他将不必受制于外企的流程,向总部解释、证明、自证,并承受巨大压力,花费大量的时间精力在沟通上。他终于实现了与自己最关注的年轻人一起工作的梦想。

如果时间倒退二十九年,我们看到,李开复和中国学子的渊源早已结下。1990年,当时还在美国工作生活的李开复,通过一次偶然回国的机会认识了一批中国学子,并与他们通过邮件保持密切联系。他发现,这是一群跟他一样聪明,甚至比他更努力的年轻人,但受制于生活环境和物质条件,他们面临更多的挑战。1998 年回国工作后,李开复开始更密切地与青年学生接触和沟通,为他们的学业、就业建言献策。2000 年,他写给中国学生的第一封信在高校中引起了很大轰动,陆续,又有了第二封、第三封……第七封信;之后他创建了"我学网",出版了三本面向大学生的书。因此,如何帮助学生成长成为李开复认为自己应该肩负的责任。此外,如何在中国科技崛起的时代帮助一批青年人推动中国进步并发挥个人潜力,也是李开复希望发挥的最大价值,因为他认识到自己的特殊优势是跨国、跨文化,他曾亲历和体验美国与中国公司的环境,深知美国人和中国人的思维方式,那么,用合适的方法描述、解释外国好的技术、产品、文化,无疑是他的最大价值。

在谷歌时,也会有人问他:"开复,如果我明年离开公司 OK 吗?""假如我离开公司你会怎么看?""那时他们还是拐弯抹角地希望得到我的帮助。"李开复说。而今,80 后、90 后的年轻人,则会干脆直接地问:"我想要离开我就职的公司,自己去创业××项目,你能支持我吗?""与其间接地帮助他们,那还不如直截了当地做一件事,让中国互联网,尤其是移动互联网开花结果。"李开复说,"如果说过去,对年轻人的解惑和帮助是那个时代的特殊需求,那么今天,全世界是平坦的,能独立地在创新工场实质性地帮助一些创业者,看到他们成功的概率从 10% 成为 50%,看到他们从一个青涩的毕业生变成管理千人大公司的领导者,支持这样一批有潜力、有智商的年轻人,是我最想做的事。"

客观上讲,为青年人搭建一个辅导创业的平台,这件事于李开复来说也绝非偶然。几年前,这颗种子就在他心里发芽了。"如果说谷歌看到互联网的崛起,创新工场就是看到中国互联网的崛起。一方面,BAT 在不断长成巨人;另一方面,我们也看到雷军、周鸿祎等本土创业者在这个环境中发展出一套新的东西来。"李开复开始意识到,中国互联网并不是非要完全复制美国互联网模式,可以有中国式的创新。那么,凭借他的跨国、跨文化经历,学习美国最先进的商业、产品模式,再结合中国特点进行创新,这就是创新工场的机会所在。

在创新工场的早期人选上,李开复给了 xGoogler 极大的优待:联合创始人汪华,在斯坦福大学获得 MBA 学位,他曾在谷歌中国创建了优质广告网络,并参与投资管理,与中国本地互联网伙伴结成战略合作。2010 年加入创新工场的首席运营官、合伙人陶宁,拥有北京大学信息管理系学士和硕士学位,并在耶鲁大学获得 MBA 学位。她曾在微软、IBM 等公司的中国和美国总部工作,也曾被刚创办谷歌中国的李开复三顾茅庐力邀加入谷歌。还有用户体验总监吴卓浩,在同济大学获得工学学士学位、清华大学美术学院获得艺术学硕士学位。这个热爱艺术和设计的年轻人,曾在微软亚洲研究院实习,加入谷歌中国后,创建了谷歌在美国以外的第一个用户体验团队。产品总监王晔,毕业于复旦大学,获得计算机学士与硕士学位。2005 年,他在校期间就参与创业,成立了上海复欧信息科技有限公司,并担任首席技术官。

创新工场的孵化、投资项目,也处处散发着谷歌基因。早期项目友盟是面向国内移动应用程序开发者的服务平台,创始人蒋凡,2008 年毕业于上海复旦大学,同年加入谷歌担任工程师,参与地图的研发。2013 年 4 月,已经初步长大的友盟,被阿里巴巴公司收购。成立于 2010 年的豌豆荚,是基于安卓系统的应用商店,后来则转向移动垂直搜索。创始人王俊煜曾是北京大学元培实验班的免试保送生,后进入谷歌中国从事用户体验设计。在谷歌工作 3 年后,他随着李开复共同创办"创新工场",并于 2010 年 4 月加入豌豆实验室。涂鸦移动是 Android 平台的全球移动社交游戏公司,由创新工场创始人之一王晔在 2010 年 10 月创办。美味书签创始人江宏,毕业于武汉大学计算机科学学院,曾获得雷军设立的腾飞计算机奖学金。后获得 Fan's Family Fellowship 奖学金并在耶鲁大学取得博士学位。他曾加入谷歌,在总部从事搜索基础架构开发。2012

年江宏率团队加入 AVOS 中国子公司,出任总经理并负责美味书签项目。2011 年 4 月,这一项目被 YouTube 联合创始人查德·赫尔利(Chad Hurley)和陈士骏(Steve Chen)收购,而陈士骏同时是创新工场的 LP(有限合伙人)之一,创新工场也投资了美味书签天使轮。

"很大程度上这些 Googler 通过谷歌平台,获得了站在巨人肩膀上看世界的机会。无论是谷歌的管理还是文化,都让这些 Googler 可以成就伟大的事业,并且看到移动互联网的发展方向。"李开复感慨道。

由于是最早把国人尚不知晓的"孵化器"模式引入中国,创新工场从成立的那天起就站在了媒体和公众的聚光灯下。所有的肯定、质疑、讨论,都被无限放大。李开复坦言创新工场一直走在创业的路上。"我们每天都在研究、改变。"刚成立时,工场提供的服务比较标准化,比如如何设立一个公司的海外架构、财务税务如何处理、员工工资怎么发、如何建立简历数据库等,有了这些基础工作,才慢慢演变为可更深入复制的增值服务。刚起步时,创新工场也希望更深度地参与项目,比如豌豆荚、点心等。但在摸索中大家发现,这种在翅膀下孵化的模式虽然可以获得一定的成功,但深度参与让创新工场可选择的项目非常有限。他们发现很多强大的创业者并不需要投资人深度参与,他们之所以创业,就是因为他的自信、独立,凡事希望自己学习、自己干,而不是有一个老师一直监督着自己。所以如果创新工场仅把自己作为一个孵化器,其所能获得的案源,以及最成熟、最独立、最自信的创业者就都会十分有限。因此,一个重要转型在于挖掘最棒的项目,而不必在乎是不是在最早期的天使轮。遇到情投意合的项目,即使在 A 轮、B 轮,创新工场也会投。"我们的价值就在那里,你需要的时候随时可以索取,我们会主动告诉你这些机会。但是我们不会把自己当成教练、老师,太多地把手放到公司里。这样在狼性创业者圈子里我们会更受欢迎。"李开复说。

"随着中国创业者的能力不断提升,我们也越来越觉得,如果太多地去保护小公司,把他们当作小鸡去圈养,而不是将他们放在荒野去生存,这是有好处也有坏处的。我们也在学习和寻找这两者的平衡。因为很多事情做过了,就能获得一种经验,是有价值的。在你能帮助创业者做的事情里面,哪些是真的该做,因为让他做是浪费时间,哪些是你应该放手让他自己去闯的,从失败或成功中获得经验教训,这里没有一个确定的答案,这也是我们正在寻找和思考并希望获得的平衡。"

2015 年,创新工场已走过 5 年历程,根据李开复公布的数据,其累计投资了超过 150 家公司,其中近 20 家公司估值在 1 亿美元以上。"创新工场的目标是成为中国最好的早期投资机构之一,甚至成为世界最好的早期投资机构之一。这是我做过最棒的一件事。"

## 李开复的挫折启示录

周哲说:"开复就是那种天生知道自己会发光的人。"即使聪明如李开复,拥有最好的学习履历、最好的工作经历,并总能在人生的转折点上掌舵自己的命运,也并非一路都一帆风顺。李开复坦言,自己经历的几次挫折,可能超越了创业者遇到的挫折挑战。虽然这些挫折一度令他倍感煎熬,然而,李开复始终坚信,在痛苦中寻找出路,经历磨炼,并重新豁达,或许会有更好的未来等待自己。而这些,也是所有创业者需要历练的心智。

2005 年,当李开复选择离开微软加入谷歌时,曾遭遇微软的诉讼。他可能会因此而身败名裂,他经历了可谓人生中最漫长灰暗的 60 天。然而,即使在重压下,他也并没有屈服于这个颇有权势的大公司。一方面,他选择积极准备应诉;另一方面,他开始接受和放下那些自己不能改变的事情。"我不能改变舆论,但能够改变什么呢?通过完整的证据改变法官的看法,最终证明微软的错误,允许我去谷歌工作。说起来是很简单的道理,但做起来并不容易。"

2013 年,李开复在体检中被发现罹患癌症。最开始,他也很痛苦地责问: "为什么是我? 我做错了什么事情?"但他发现这种想法对疾病恢复并无益处, 自己能做的,则是把身体照顾好,甚至进一步思考。"也许这件事情可能不是一 个'果',而是老天在传递一个信息要你改变一下做事方式,并不是你做错了什 么。"周哲回忆说,当时李开复太拼命,甚至去跟别人比每天谁最晚还在回邮件, 又起得最早。而现在,李开复尝试着劳逸结合地工作,也更多放权给年轻人。 他发现,自己的身体在恢复,并发现了很多生活中不曾发现的美好。而那些被 放权的年轻人,也承担了更大的责任,发挥了更大的价值。

在创新工场成立之初,因为高调亮相,公众对其所有的肯定、疑问、讨论也 都被无限放大,李开复也曾陷入压力和迷茫。有人质疑,没有创过业的职业经 理人能不能帮到创业者,创新是不是真的能被孵化出来。然而,李开复做出的 选择是:专注。只相信结果,不必在乎过程。"一方面我们证明了自己,是靠结 果说话的,专注在自己擅长做的事情上,不用在乎风言风语,任何质疑最终都要 通过成就才能回答。另一方面,当时我们也太高调了一些,也许别人就会自然 挑你的刺。现在我觉得做事应该比说话更重要。未来我们更想把事情做好。"

在李开复身上,我们可以看到几个突出的闪光点:"情怀""领袖 气质"和"格局"。

关于"情怀",从第一次来到大陆起,李开复就和中国学生建立 了深厚的情谊,他渴望以自己的跨国、跨文化背景帮助中国学生更好地发现自己。 为此,他曾多次致信学生,创办我学网,甚至尝试在中国创办学校。虽然身为跨国 企业高管,但李开复在人才的引进和培养上,都花费了大量精力,也成为著名的学 生导师。而今创办创新工场,正是他这种情怀的延续:这是他最为热爱的事业,因 为他真正参与到年轻人的创业中并实际给予他们帮助。

　　李开复身上独具"领袖气质"。周哲曾打趣说,如果李开复生在美国白人家庭,他或许可以去竞选美国总统。他的影响力、视野和自律性,一直以来影响着身边的许多人。从微软研究院到谷歌中国,一直到创新工场,他的身边一直聚拢着最优秀的人才和项目。可以说,作为一家新创企业,创新工场今天所取得的很大成就和得到的支持,都与李开复个人的影响力和魅力密不可分。

　　关于"格局",李开复丰富的人生阅历带给了他更宽的视野和更大的格局。他最早预测中国移动互联网的趋势,这让创新工场作为早期创业投资机构获得更多的时间和空间,从而获得市场和创业者认可。其后来锁定的内容娱乐、共享经济等领域,也出于其对趋势的及早判断。

# 孵化梦工场

离开谷歌中国后,李开复和几位 xGoogler 创办了中国的 Y Combinator——创新工场,试图以孵化＋服务模式推动中国本土科技创业。这在当时不仅是一种全新尝试,也是李开复多年来帮助、指导年轻人创业的一种情结和梦想。如今,那些从创新工场孵化出的小鸟已经展翅高飞;而对于创业和投资,创新工场也有了更多的转变和思考。

## 回到创新工场的李开复流泪了

2015 年春节后,疾病康复中的李开复走进久违的创新工场,他和每一个人拥抱,并和"工友"们进行了一场近距离的沟通。他回忆起 2009 年创办创新工场时,他所面对的舆论、行业压力。当时,很多人对他说做早期投资太累,不如做 VC(风险投资)、PE(私募资本)赚快钱;孵化器模式在中国又未经验证,前途未卜。总之,反方的声音几乎盖过了正方的声音。然而,5 年过去了,创新工场的模式得到了证明,其早期投资的行业翘楚地位也得到认可,最早涉足移动互联网也让创新工场在早期投资领域获得更多空间和筹码。李开复还说到,创新工场孵化的豌豆荚也是一步步得到市场认可的,他鼓励大家不要被任何外来、言论上的压力打垮,要坚持自己的梦想。未来,豌豆荚还会有巨大的上升空间,希望大家支持王俊煜做的每一个关于公司方向的决定。讲到这里,似乎是产生了情感的共鸣,李开复不由自主地流泪了。

时间退回到 2009 年,还是谷歌大中华区总裁的李开复把汪华、王晔、王肇辉三个人叫到家中,他告诉他们,自己有了一个"未来很长时间的打算",他希望做一家像美国 Y Combinator 那样有品牌影响力和行业地位的早期投资机构,这不仅包括早期天使投资,还包括项目孵化和服务。孵化项目的流程是:先在内部进行创意投票筛选,合伙人每年再从中选出 20 个创意去实践。经过一段时间测试,保留 10 个项目,最后成立 5~6 家子公司。整个周期会用一年时间去尝试,一旦项目成熟,子公司将脱离创新工场的孵化模式,独立走向市场,接受新一轮风险投资,创新工场也会参与跟投。而在服务上,创新工场先是提供一套比较标准化的服务模式,比如如何设立公司的海外架构、财务税务如何处理、员工工资怎么发、如何建立简历数据库等,有了这些基础工作,再慢慢演变为可更深入复制的增值服务。

李开复主动约见了柳传志、俞敏洪、郭台铭等人,谈起自己的创业想法。事情进展的速度出乎意料,几乎都没超过 10 分钟,他们就主动问道:"开复,你需要多少钱?"甚至,郭台铭当时想要拿出十几亿美元直接交给创新工场,然而李开复却拒绝了这笔巨额投资。原因是他不希望创新工场成为富士康的子公司,他希望有更多元的文化和更多元的合伙人参与其中。最后,由柳传志、俞敏洪、郭台铭、刘宇环、陈士骏 5 位来自不同领域的商业领袖组成的战略投资人,为李开复和他的创新工场募集了第一只1.8亿美元基金。在后面5年内，第二只基金接近4亿元人民币，第三只基金2.75亿美元。累计起来，创新工场已掌管了5亿美元的投资基金。

然而，即使顺利得到投资人认可，当时创新工场的模式能否成功，不少人心里还是打了问号。彼时，创新工场和谷歌是邻居，不少Googler过来看望李开复，他们的态度，有关心也有担心。毕竟，李开复的创业意味着他和过去他所被赋予的光环、符号分道扬镳，他不再是一个指点江山的明星高管，而是凡事都要亲力亲为的创业者。比如，创新工场的房租是李开复与房东吃早餐时亲自谈判的；创新工场的商务、政府关系，李开复都要参与到具体流程中。另一方面，如果创业不成功，过去的辉煌也有可能一去不返。

李开复和汪华、王晔、王肇辉4个创始人在第一个办公室里度过了初创期4个月。由于美元基金还没到位，李开复几乎花光了自己手上的所有人民币现金来支持公司运转。每天，他在办公室焦急地和另外3个人讨论：创新工场的第一个创业者究竟什么时候到来。事实上，听闻创新工场成立，办公室外每天都云集了四五十个创业者，甚至有人把门砸坏，表示一定要见到李开复。然而，这些"创业者"有的开武馆，有的做皮鞋连锁店，还有的做海上救生器，项目五花八门，但并不是创新工场的目标群体。

2009年，李开复在业界最早提出"移动互联网"概念。当时也曾有媒体评论他"造了一个词"出来。事实上，正是曾经在谷歌见证了Android开源系统成长的李开复，敏锐地捕捉到了移动市场的巨大增长空间。其第一批项目点心、豌豆荚、友盟、应用汇等，正是踩准了移动互联网成长的节拍。在其后几年里，移动互联网项目成为中国创业和资本领域最为关注的焦点。

"创新工场初期投资基本上都赌在了移动互联网上，这个后来得到了验证，也说明看准一个趋势的重要性。"李开复说，"很多人错误地以为钱是最大的问题,但如果你是个优质的创业者,钱会追着你;更重要的是,能看准趋势,在别人还没有看好的时候就投进去,唯有这样才会有足够低的进场价格,获得成长和试错空间。"

在早期投资方面,创新工场看到的另一个潮流是内容娱乐,当时也有很多VC并不看好。2012年,在完成第三只2.75亿美元基金募集后,创新工场陆续投资了一系列A轮优秀项目,包括美图、快牙、Face++、有妖气等。现在,创新工场在内容娱乐方面已经涉及十几家公司,大约两年后,VC才注意到这个领域的爆发。"我们希望创新工场是最聪明、最敏锐、最科学的一家投资机构,现在5年过去了,一切正在被慢慢证明。"王肇辉说。

2014年年初,"共享经济"还不是一个口口相传的概念,创新工场却以A轮投资了当时被他们称作P2P模式的"51用车"和"天天用车"。随后,"共享经济"热潮席卷各行各业,汽车、房地产等传统行业纷纷进入其中。2015年4月,"51用车"和"天天用车"同时获得百度领投的千万美元级别的C轮投资,也使它们进入"亿元美金俱乐部"阵营。

"我们的成绩、我们的模式、我们自己,还有我们培育出来的创业者,都在证明我们在2009年夏天做的那个决定是正确的。"王肇辉说,如果说过去谷歌人对李开复创业更多的是一种"慰问",现在则是直接找到他,说:"开复,我正在做一个项目,需要你的帮助。"

然而,为了验证创新工场的模式,李开复的确在这件事上花费了大量的时间精力。投资人这份职业也成为他心中相较于苹果、微软、谷歌等巨头公司高管更有价值的事业。正因如此,李开复不希望这件事有任何差错和失误,他更加拼命地投身其中。几年来,他承担了极大压力,也生了几次大病。三四年前的一个春节,李开复长了带状疱疹,当时医生建议他在家休息14天,但他不以为然,差不多第十天就回到工场上班。当时他并没认为这是什么预警,现在回头看,这件事与他身患癌症或许有些关系,因为当时医生已警告他免疫力低下。"我的工作力度有一段时间很强,既然外部有这么高的期望,我们这么高调出来,我就一定要做出成绩来。虽然后面成绩出来了,但在这个过程中我们不断督促自己,还是很辛苦。"李开复说。

如果问创新工场在中国创投界地位的建立应该归功于谁,李开复认为,很大程度上应该感谢谷歌的经验和培训,让他有了前瞻的视野。对投资人而言,一方面,是趋势看得准不准,对行业、产品是否有独到的眼光;另一方面,是在多大程度上帮创业者加分,补足他们的短板。比如,如何通过创新工场的人脉,争取到更多名人的参与和宣传;如何以最低成本获得最高效率的推广;如何寻找市场爆发点……创新工场要把这些实战经验分享给创业者。

创业工场受到谷歌文化的影响也非常大。首先,从创始人看,陶宁、汪华、王晔、吴卓浩都来自谷歌,豌豆荚的负责人王俊煜、崔瑾,友盟的负责人蒋凡,也是 xGoogler;其次,创新工场敢于把移动互联网作为下注的第一个投资方向,正是因为他们非常熟悉安卓的全球战略和开源布局;最后,这些 xGoogler 在谷歌习惯了尊重工程师的文化,以及开放、自由的氛围。在工场,李开复也与员工非常平等,任何人都可以来找他,没有高低贵贱,这种潜移默化的影响渗透到工场的每一个细节中。

过去五年,创新工场也在不断试错,比如从完全呵护式的孵化＋服务,到给予创业者空间,进入 A、B 轮投资,甚至到与徐小平、蔡文胜成立群英会,改变投资人单打独斗的投资格局,创新工场都在不断调整和革新。因为,创新工场也是一家创业公司,一直都在摸索最适合中国、最符合创业者需求的商业模式。

"就像徐小平被认为是最受大家欢迎和喜爱的投资人那样,我们希望创新工场的业界定位是对行业趋势懂得最多的投资机构。要做到这一点我们就要看准趋势,非常到位地、直接教创业者他们最需要做的东西。"

## 豌豆荚、友盟的成人礼

作为创新工场最早期项目的豌豆荚、友盟，它们有着很多相同点：创始人都是谷歌出身，熟悉 Android 开发环境，敏锐地捕捉到了当时的行业风向标——豌豆荚为普通用户服务，提供应用分发、搜索平台；友盟则是为开发者提供服务。但同时它们又个性鲜明：王俊煜是典型的理想主义者，按蒋凡的话说，"俊煜非常有个人主义情怀"；相反，蒋凡则认为自己更现实主义和接地气。豌豆荚像大多数创业的 xGoogler 一样强调"技术为导向"；友盟则说技术是手段，最终以市场为导向。两个项目，经历了创新工场不同程度的扶持：前者是工场组建团队，以孵化器的模式协助发展；对于后者，工场则更多放权，由创始人主导，工场提供辅助服务。最终，它们也走出了不同的命运轨迹：友盟以千万美元卖给了阿里巴巴，蒋凡开始了自己的新征程；王俊煜则坚守最初的理想，将豌豆荚努力打造成一家 10 亿美元的公司。但无论如何，经历了创新工场的支持和放手，最终走向市场风浪的王俊煜和蒋凡，都完成了在创业道路上的成人礼。

作为创新工场孵化的第一个项目，豌豆荚被公认为是最具谷歌基因的公司。不仅因为三位创始人中的王俊煜、崔瑾是 xGoogler，最主要的原因在于，当大多数人把豌豆荚视为应用分发平台，并认为在 2013 年百度与 91 助手那场轰轰烈烈的并购案后，豌豆荚会走上类似的命运时，倔强的王俊煜则坚持，豌豆荚不是内容生产者，也从不拼渠道，其核心竞争力是技术，技术的核心是搜索——即基于移动领域的垂直搜索。这是从一开始，豌豆荚的基因决定的。

2010 年年初，当王俊煜第一次把商业计划书递交给创新工场时，他曾预测,中国安卓手机到 2013 年或将达到 2000 万台。事实远超他的意料,根据 2014 年市场研究公司 Strategy Analytics 的报告,Android 智能手机在 2014 年出货量超过 10 亿台,其中中国市场贡献了 40% 的出货量。

豌豆荚是幸运的,基于创新工场的判断,其在 Android 用户从百万级膨胀到亿级的过程中,把握住了一个最大的市场。2010 年,豌豆荚选择以"手机助手"为起点;2011 年,通过"应用搜索"进入应用分发领域;2012 年,其将大部分业务转移到手机客户端上。几次重要的战略步骤,一环扣一环,即使从 2012 年起市场竞争加剧,手机助手和应用商店几乎成为各互联网公司的标配,豌豆荚也仍然在激烈竞争中画出漂亮的增长曲线,这点让豌豆荚的研发团队对自己的能力有了信心。而对王俊煜来说,豌豆荚的成绩则源于做出了好产品,创造了好口碑和好品牌。

实现这一点并不容易。因为被工场孵化,早在 2010 年,豌豆荚曾被形容为"温室里的花朵",没有经历过真正创业的挫折和失败。然而王俊煜认为:经历了血雨腥风的上一代企业家,的确有很多特质值得学习,比如专注度、竞争力以及迅速决策的能力;然而,自己也没有必要一定要经历"失败",豌豆荚的特质是相对单纯、不以赚钱为根本目的,唯一希望是创造好的产品和服务,给世界带来贡献。一度,在豌豆荚的成长过程中,为了更好地管理公司,王俊煜和崔瑾还给自己请来了 CEO 周利民,帮助豌豆荚成长,直到豌豆荚羽翼不断丰满,有了更强的抵御风险的能力。

2013 年,应用市场迎来大洗牌,百度巨额收购 91 助手,360 推出随身 Wi-Fi、雷电搜索,不断输出手机助手的价值,并牢牢控制渠道。豌豆荚卖还是不卖,一度被外界炒得沸沸扬扬,王俊煜也站在了十字路口。然而,他在此时强调:很多公司关心的是渠道和资源,不关心用户下载的体验,豌豆荚是从用户的角度去想问题,从一开始就是一家技术公司。技术公司的使命就是把现有的事情做得更好,因此,豌豆荚不卖。

谷歌的理想主义色彩对王俊煜影响很深。他曾在谷歌做了三年用户体验设计师,经历了从外行到内行的过程。过去自己是谷歌的粉丝,看到伟大产品的诞生,就像在看魔术表演。直到身在其中,才开始知道如何做,并且做得更好。而加入创新工场,xGoogler 则给了他更实质的帮助,李开复教给他做人做事的方法,汪华则帮助豌豆荚解决很多具体的问题。

"非常专注、热爱产品、有理想。"蒋凡对王俊煜这样评价道。这也让王俊煜在经历了并购诱惑、市场挑战之后依然保持独立的信念。"我们一开始就是想做事,由此才去组建一个团队。我不是一个创业爱好者。创业不是目的,是我的手段。"王俊煜说。他把豌豆荚的发展速度比作火箭升空,他相信对于那些有梦想的人来说,豌豆荚是一个非常好的机会。

2014 年 1 月,豌豆荚获得了过去一年中国内地互联网行业最大的一笔非并购类融资:1.2 亿美元,由软银集团领投,豌豆荚 A 轮投资机构 DCM 及创新工场开发投资基金(IWDF)等投资机构共同参与。

来自投资界的认可,让过去在"呵护"中成长的豌豆荚完成了自己的成人礼。对于独立,王俊煜有他的观点:第一,豌豆荚做的事情有独立发展的意义,我们可以把它做成一家伟大的公司;第二,豌豆荚的商业模式让它可以自己造血;第三,豌豆荚独特的文化是保证简单、单纯、勇敢、重视产品。"这三点我都不想放弃。"

和豌豆荚不同,友盟在很大程度上带有自由主义色彩。创始人、CEO 蒋凡也是 1985 年出生的,2008 年毕业于复旦大学。他曾进入谷歌实习,后来成为正式员工。谷歌的经历带给蒋凡两个收获:第一,好的履历,让他后来创业、招人都有了资本;第二,技术方面的成长以及视野上的开拓,特别是对安卓的了解。

2010 年,看到中国互联网爆发了不少创业机会,蒋凡想要离开谷歌自己创业。当时移动互联网兴起,时机刚好合适:有人做 2C,就需要有人做 2B——给开发者、行业提供服务,蒋凡切中的就是后面这个点。

当时,国内的天使投资机构并不多,经朋友介绍,蒋凡才找到创新工场。基于自己的想法,他与汪华沟通了几次。经过讨论,方案和最初相比有了些调整,接下来,蒋凡加入了创新工场。

和豌豆荚、点心由创新工场组建团队的模式不同,蒋凡上大学时就创过业,也有一些经验。蒋凡认为,自己的性格特点是喜欢自己主导事情。于是,他提出自己组建核心团队和招人,创新工场则提供资金和平台服务,比如财务、法务等,让他可以聚焦在主营业务上的想法。

和创新工场的合作模式是双方的选择。从蒋凡的角度看,当时天使投资较少,自己也没有太多经验,工场是谷歌出来的人主导的,文化上很像,对他来说是自然的选择。而对工场来说,当时也在创业阶段,对于不同的投资模式,他们也在摸索,同时,蒋凡的项目他们也有意向,所以一拍即合。

友盟的另一个核心人物——联合创始人、CTO 方海,也是个 xGoogler,他此前在美国担任广告及电子商务系统高级工程师。有了两个创业核心,蒋凡认为公司应更多地以需求驱动,因为谷歌的东西搬过来也不是完全适用于中国。而在中国做事,最主要是抓住客户需求。

免费为中小开发者提供服务的平台——友盟,抓住了当时的市场机会。其活跃设备一度达到近 6 亿部,涉及 18 万款应用和 6 万开发者。友盟也获得了两轮投资:天使轮由创新工场投;A 轮由经纬领投,规模达到 1000 万美元左右。

2013 年,阿里巴巴找到友盟,认为后者立足于服务无线开发者的定位和阿里巴巴倡导的生态圈理念一致,希望对友盟进行收购。"当时创新工场还有些纠结,但我觉得到了一个时间点,这件事可以告一段落。阿里与友盟各个方面也比较匹配。"蒋凡大胆地做出了卖掉友盟的决定,从而在另一个时间点,开始一个全新的征程。

如今,蒋凡加入阿里巴巴负责阿里的核心业务——手机淘宝,大团队五六百人规模,是之前友盟的 5 倍,也算是内部创业。"我是个挺现实的人,目的性比较强,每个阶段都想得比较清楚。"蒋凡说。

友盟的创业经历也让蒋凡获得了很大成长。第一,蒋凡说,很现实、很重要的一件事,是他因此"赚了很多钱";第二,则是从头到尾做了一件事,把一个产品做成很有影响力的产品。而在这个过程中还获得了很多价值提升,包括个人影响力、积累的行业洞见等。而从人的方面,创新工场的汪华在商业上给了他很多帮助。"汪华是一个思想家,很多东西看得比较远。他是工场的灵魂人物。"另一个则是李开复,"开复具有领袖特质"。

对于创新工场,蒋凡认为,一方面,它是一家有理想主义情结的公司,做投资要赚钱,但工场不只是为赚钱做这件事。无论是在大浪潮中帮助更多公司成长,还是成为中国最前瞻的投资机构,创新工场都坚持自己的理想。另一方面,工场的模式也受到过一些挑战,从孵化器到基金模式,在一段时间内也曾纠结过。然而,创新工场却开创了一些新的模式。比如早期做了一支几十人的投后服务管理团队,现在所有的天使投资和机构都开始做投后管理,这个模式可以说是创新工场开创的,在行业中起了一定的示范作用。

## 从单打独斗到抱团取暖

从旧金山向南约 1 小时车程的硅谷,这块面积约为 3800 平方千米的土地如今已经成为美国最炙手可热的创业乐园。这里明星公司云集,无论是谷歌、亚马逊、苹果、Facebook、Twitter，还是近年来的后起之秀领英(LinkedIn)、空中食宿(Airbnb)、优步(Uber)、Snapchat……它们在这个竞争激烈的舞台上展示着自己的魅力，也试图向行业巨头发起挑战。而它们身后，最有力的助推手无疑是那些有资金、有经验、有眼光的风险投资家们。比如，这里有"创业教父"之称的美国孵化器公司 Y Combinator 创始人保罗·格雷厄姆(Paul Graham)；也有当下美国最著名的投资人马克·安德森(Marc Andreessen)，他与本·霍洛维茨(Ben Horowitz)成立的 Andreessen Horowitz(a16z)涉足了几乎你能想到的所有明星公司。可以说，正是他们助力硅谷这艘航母飞向"太空"。

在中国，近年来，天使投资、VC、PE 的涌现也改变了科技创业者的生态。过去创业者各自为战、自掏腰包、从零开始的格局已经改变，投资人们给予他们资金上的支持，最重要的，还有他们的视野和经验，让创业者及早进入状态，少走弯路。2015 年 3 月，回归创新工场的李开复，宣布与徐小平及其领导的真格基金、蔡文胜及其领导的隆领投资三方发起成立"群英会"——这个由中国最著名的三位天使投资人构成的组织，再次在互联网、创投圈掀起波澜。毫无疑问，他们将吸引更多维度、行业的创业者。

"我们一直认为开放的硅谷是一个特别好的模式，谷歌就是它的实现体。我们也希望把帮助的圈子扩大到不止拿到我们投资的创业者，而是更多创业者中去。如果我们三方发挥各自所长，比如蔡文胜更懂草根，徐小平更了解海归，我们在某些方面有自己的特色，那么三家相加，也许能号召更多的人创业，让优质项目变成三家共同扶植的对象，在一定程度上走上一种协同、开放式的模式。"李开复说。

另一方面，李开复认为，国内创业的黄金时代已经到来，创业门槛不断降低，但竞争环境也变得更为激烈，创业成功的难度在提升，仅仅一个天使投资人或机构对创业者的支持已经不够，优秀的创业者和团队应该得到多方帮助和更多资源。这也是"群英会"的价值所在。如果创新工场在 1.0 时代是成立了专业的团队,全方位帮助创业者;那么,现在进入 2.0 阶段,应该将自己对创业的认知、经验开放出来,做成一套完整的体系,在群英会中分享出来。在这个组织中,一对一的导师、小圈子闭门讨论,可以让创业者获得不同的经验和思考。

如今,群英会导师团也在扩大,除了三位著名投资人,还包括郭去疾、周哲、王俊煜、汪华等 xGoogler,以及 58 同城创始人姚劲波、蓝港互动创始人王峰、搜狗 CEO 王小川、CSDN 创始人蒋涛等知名互联网领袖。"我们吸引了行业中的一批天使投资人,他们或者输送案源,或者成为创业者的导师,形成了一个价值圈。随着群英会不断扩大,群英会学员获取的帮助能够在实际创业中被体现出来,这个价值会像滚雪球一样越来越大。"王肇辉说。

"中国过去的投资创业模式相对比较封闭,我们认为,从封闭走向开放,带来的是更多人的共享、学习和成长。"李开复说。

**TIPS**

创新工场在创业初期也曾受到质疑,而其今天所取得的成绩也并非一蹴而就,其抓住了几个关键点。第一,赢在"早"。提前预判移动互联网趋势,使得其拥有更多试错机会;早期开创的投后服务管理团队模式起到了一定示范作用,如今被大部分天使投资机构采用。第二,赢在"变"。初期更深度参与项目,希望孵化企业在其"翅膀"下成长;但很快意识到局限性,迅速从天使轮进入 A、B 轮,争取更多机会和"狼性"创业者。第三,赢在"稳"。用结果和数据说话,不过度张扬,用创业者的心态运作投资。

过去 5 年,创新工场已从较为封闭式的孵化+服务,发展到为创业者开放更多空间,再到成立群英会,多个投资人共同扶植优质项目,这说明中国职业投资人在走向不断成熟、开放、协同之路,为创业者创造更好的创业氛围。

附 ▶▶▶▶▶▶▶▶▶▶▶▶

# 李开复：科技界的下一个 5 年

2015 年年初,久未在媒体前露面的李开复,出现在某媒体主办的创新大讲堂上,做了主题为"数字革命与新创业浪潮"的演讲。他预测了科技界的未来 5 年。以下为李开复演讲节选。

## 全球数字革命的新阶段：S 曲线快速发展期

过去 40 多年里发生了两次巨大革命:第一次革命可以称为 PC 革命和因特网革命。这段时间,产生了 20 亿台设备,让很多人拥有 PC 和手机,开始上网,同时带来了很多了不起的公司。第二次革命是过去 5 年发生的移动互联网革命,它的兴起是基于整个社交网络的崛起。这两次革命让人联结上了人,每个人都可以通过社交工具随时随地找到另外一个人。然而,第一次革命,用了 35 年才让人们拥有 20 亿台设备;第二次革命,只用了 5 年的时间就让设备量增长到了 60 亿台。

如果我们把今天的智能手机交给 10 年前的你,告诉你这些东西如何使用,那个 10 年前的你,一定会非常惊讶,以为它来自时光机器,或者科幻电影,怎么能这么神奇。现在,因为我们用习惯了,所以忘记了 10 年内发生的革命性改变。所以当我们回顾过去时,不要认为手机是慢慢来的,它是以非常快的速度,改变了我们生活的细节,提升了生活品质,改变了我们的工作、交友方式。我们做的事情,已经被移动互联网颠覆了,这是今天发生的事情。

为什么在短时间内会产生这么巨大的颠覆式改变? 六大现象平行发生并加速,催生创业新浪潮:

第一,摩尔定律让计算成本下降 1 万倍,计算越来越便宜。

第二，基础设施的建设，从过去的电缆、网络，到2.5G、3G、4G，甚至未来的5G，全球的运营商用各种技术让我们无所不在。

第三，创业成本达到历史新低。

第四，用互联网的力量，省去了一层层的中间渠道商，成长速度非常快。

第五，聪明人带来"聪明钱"。聪明人除了钱还会带来人脉、资源、智慧。

第六，天才颠覆行业。天才加入什么行业，什么行业就可能被颠覆。现在越来越多的天才进入了创业领域，这个领域的未来不可限量。

数字革命才刚刚开始，未来的5年，成长速度要比过去40年还要快七八倍，我们的未来还会有什么巨大的革命发生？

第一，是云和大数据。数据的储存，跟它所带来的背后数据挖掘和理解，会带来一个巨大的革命。

第二，万物联网（Internet of Things, IoT）。不同产品之间有各种不同沟通的机会，会提供给人类更多更好的服务，这些可能性让人获得非常多的想象空间。

未来5年，PC、手机、平板、可穿戴设备，以及联网的电视、汽车等，整个加起来将有400亿台设备，它们将带来引领未来、开启创业黄金时代的5个趋势：

一是，年轻人将引领未来的内容、技术及投资。95后是一个指标性的时代引领者，90后会跟95后学习，85后会跟90后学习，80后跟85后学习。未来是年轻人投资给年轻人的产品，年轻人写的东西给年轻人看。

二是，不再用"旧世界"的眼光看未来。

三是，物联网是比移动互联网更重要的变革，未来的价格也必将进一步降低。400亿台新设备，应用到医疗、娱乐、教育等各个领域。而且必将有新的关键应用出现，尽管现在我们不知道是什么。

四是，大数据善解人意，比你自己更懂你。能够给你推荐适合的美食、娱乐、学习内容，甚至适合你的对象。

五是,创新实践更多来自小公司。大公司会进入创新者的窘境,而小公司则更快,更灵活,没有包袱。

## 数字革命中的现状:美国领跑全球,中国奋起直追

对比中美创业,世界上所有市值 10 亿美元以上的企业中,美国总市值 1.8 万亿美元,中国 600 亿美元,全世界所有其他的国家加起来只有 300 亿美元。从 10 年前的 1/20,变成今天美国占有世界的 2/3,中国占有美国之外的 2/3。中国处于一个后起直追的状态,从 0 跑到了世界的 2/9。

中国移动互联网会有更多的后发优势。

优势一:城镇和农村有巨大的移动互联网潜力。

① 中国网民目前只达到总人口的 48%,而美国是 80%。互联网尚未普及的中国四线城镇和农村有巨大的移动互联网潜力。

② 中国大中型城市人口稠密,服务业水平不高,是共享经济、数字娱乐等移动互联网核心领域的最佳实验室和最大舞台。

③ 中国是制造业大国,为智能硬件和物联网提供了低成本迭代、暴量的机遇。

优势二:相比美国式创新,中国式创新成本更低,战斗力更强。

优势三:中国企业家后劲足,更勤勉。

中国大的科技企业领导人在创新颠覆方面的能力可能不如乔布斯等美国科技企业的领导人,但是他们在执行力、领导力方面,是有过之而无不及的。中国创业者具备的素质特别适合这方面的发展。

优势四:中国数字技术企业的"出海潮"刚刚拉开序幕。中国公司走向世界很有希望,因为中国的用户分布跟未来的发展有很大的关系,引领、也代表了那些正在开发中、稍微慢中国几步的国家。

优势五:中国年轻一代掀起创业热潮。

第 **3** 章

# 每个谷歌人都有成就伟大公司的梦想

我认为，实现雄心勃勃的梦想更为容易，我知道这听起来像一派胡言。 既然没有人能疯狂到做这件事情，你也不可能完成。 但最优秀的人就是希望挑战。

——拉里·佩奇

# 谷歌中国的"三驾马车"

2006 年前后的谷歌是这家互联网公司在华最辉煌的时期。当时主导产品研发的李开复、主导销售和渠道的周韶宁、主导市场公关的王怀南被称为谷歌中国的"三驾马车"。"这是谷歌进入中国时招到的最优秀人才,相当一部分人放弃了优渥的收入和高级的职位,相当有理想情结,他们某种程度上认可谷歌的使命,认识到谷歌只有在中国奋斗才能实现它的梦想。这些人都希望谷歌成功——希望一家有着整合世界知识并奉献给人类的有理想的公司成功。这群人又能相对踩准国际和中国这条路。"宝宝树网站创始人兼 CEO 王怀南说。

和李开复一样,周韶宁、王怀南都有耀眼的履历。周韶宁 1978 年毕业于复旦大学电子工程系,1980 年赴美国纽约市立大学攻读电子工程专业,随后又获得普林斯顿大学计算机科学系硕士和新泽西州立大学 MBA 学位。他曾在贝尔实验室、朗讯科技工作,在加入谷歌前的 9 年时间里一直担任 UT 斯达康中国公司的总裁。王怀南则拥有清华大学文学学士学位、哥伦比亚大学社会学硕士和美国乔治敦大学商学院工商管理学硕士学位。他曾在麦肯锡、宝洁、雅虎等公司的美国总部工作,2005 年回国担任雅虎一拍网 CEO,后公司被阿里巴巴收购。

2005 年 7 月,周韶宁接到谷歌猎头公司的电话,当时正在美国准备筹办个人投资公司的他,对这份邀请并不感兴趣。然而,谷歌并未因此放弃努力,几番沟通之后,周韶宁开始被这家公司所从事的事业所震撼。在与拉里·佩奇、埃里克·施密特见面沟通后,他决定加入谷歌。

王怀南与周韶宁也颇有缘分。2005 年下半年,王怀南任 CEO 的一拍网被阿里巴巴收购,正在此时他得到谷歌的邀请,成为亚太区市场总监。两个人相差两周先后进入谷歌;巧合的是,又在 2006 年年底的同一天离开。对于在谷歌的经历和其后来的"退出",王怀南自豪却又心存遗憾。在他看来,一家如此有理想的公司应该在中国发展下去。"一方面它对中国经济的拉动非常正向,另一方面也推动了搜索技术的竞争。"王怀南说。在他看来,谷歌曾错误地判断中国——过高、过于绝对地执行了谷歌的全球文化,狭隘地把自己当成一个"不作恶"(Do no evil)的典范。"这个尺度随着人类发展在各个国家所处的不同阶段,不可能去完全一样地执行。为几亿网民服务的好处大,还是为了某种抽象的理念退出的好处大? 显然,'留下'就是意义。"

## 拼命三郎周韶宁

在离开谷歌后,"三驾马车"都找到了事业的新起点。

性格低调的周韶宁进军物流业,创办了物流外包公司百世物流。周韶宁是拼命三郎式的人物,田行智回忆说:"当年我们晚上叫他吃饭喝酒,第二天早上五点他就可以跑到办公室和美国联系业务,精力旺盛之极。我们甚至怀疑他不睡觉。"在同事眼中,周韶宁对技术了然于胸,又有着超乎常人的商业敏感度,是商务与技术的完美结合。

周韶宁则谦逊地表示:"自己比较实在,也没有太多故事。"他坦言在谷歌的一年多是过往工作经历中压力最大的一次。"所有人都很优秀,每个人都对创新和荣誉感有极高的追求。每个项目都是自下而上进行的,不是老板告诉你做什么,而是要不断创新、不断思考,自己跟自己赛跑。"

谷歌的工作经历对其思考物流行业启发颇大:第一是互联网的不断发展,创新想法和商业模式带来很多启发,让他真正了解互联网做什么,用什么手段和方法去解决一些传统行业的问题。第二是成功的模式有成功的道理,比如它的组织模式和管理经验等。近年来,以互联网方式提供供应链服务和整体物流解决方案的百世物流营业额一直在成倍增长,根据周韶宁的预估,2016年百世集团将是一个超过百亿的具有核心竞争力和高速可持续发展的企业。"用技术手段和模式提升服务效益,每一年我们都有清晰的想法,我很高兴看到我们现在做的就是创业时规划的,没走太多弯路。"周韶宁说。

对周韶宁而言,创业就要选择大且有刚需的市场。物流无疑是其中之一,也是最有挑战的一个。他一直对供应链、物流行业非常看好。首先的原因在于,国内和国外差异尚比较大:创业时,国内物流分布小而散,没有全国性公司可以完成全国送达服务;中间环节又太多,从生产制造商到各级经销商,再到分销商,最终到达消费者手中,要经过六七个重复环节和流程,每个环节都会剥掉一部分利润。第二,在人们观念中,物流的定位还是仓储、运输,以人工为主的重模式。但周韶宁认为,物流和信息是任何商业的发动机,互联网、计算机则是推动行业改造的力量。如果有技术手段和模式,不仅可以提升商业效率,也能提升行业服务水平。"我要做中国的 FedEx(联邦快递)。"在离开谷歌时,他就曾对老同事说。

周韶宁认为,物流企业的利润来自效率,仅靠人工难以实现高效。比如在每天数以百万计的订单面前，仅靠人工识别就难以解决问题。如果运用大数据、人工智能、机器学习等技术，通过数字化和信息化推动行业发展，就能使效率提升，最终降低成本。

百世物流的定位是一家"综合供应链公司"，即将供应链、快运、快递、云平台和金融服务整合起来，为客户提供一条龙服务。云平台即运用 IT 手段，与品牌电商企业形成合作关系。当消费者购买产品后，订单直接接入云平台，平台依据消费者选择的快递企业下单，对未选择快递企业的订单自行分配给快递企业，包括自己公司。这样不仅为企业解决了订单的及时反馈问题，还免去了仓储环节。这些合作的线上销售企业将库房设立在百世物流的仓库内，从而使线上、线下的业务链条实现贯通。过去传统物流行业很少涉足 B2C 仓储管理，原因在于个性化的需求对于仓储的管理要求非常高。而有了人工智能和大数据分析的技术，在云仓内的每一个品类的货物摆放，都会根据拣选的最优路径来安排。在 B2B 与 B2C 订单同仓并行作业条件下，库存精确，发货准确率非常高。

2010 年，百世物流进入电商物流市场，先在以上海为主的华东地区建立起电子商务仓，再逐渐在全国建立仓库和转运中心，运营面积超过 100 万平方米，多用合作建仓或者租赁方式，而遍及全国的运输配送车辆与配送团队则多采用直营和加盟并行的方式，加盟商数量已经过万。百世每年的营业额呈翻番式增长，李宁、中粮等企业都选择百世作为线上零售物流供应链合作方。

创业初期，百世物流就获得了阿里巴巴和富士康的 1500 万美元联合注资。在合作上，百世物流通过与淘宝大数据的对接，对合作企业的销售及整个配送环节进行分析并提供建议。根据 2014 年公布的数据，百世物流快递业务量 80% 来自于淘宝，云仓 300 多万订单量也全部来自淘宝。

百世越来越受到资本关注，有消息称其 2015 年或将走上上市道路。如果成真，百世或将成为继兰亭集势之后的第二家由 xGoogler 创业的上市公司。"周韶宁对中国政府、对各种渠道、对通信业都非常熟悉，加上他是个非常实干的人，所以选择从物流的信息化这个角度切入，是个正确的选择。"王怀南评价说。

## 宝宝树：立志改变一代中国人

和低调的周韶宁不同，毕业于文学、社会学系的王怀南激情澎湃，善于表达。当在 2006 年年底他离开谷歌，联手易趣网创始人邵亦波一起创建育儿社区宝宝树(babytree. com)时，还有人不理解，胸怀壮志王怀南何以选择这样一个"非主流"行业？

事实上，王怀南怀揣一个伟大的梦想——借助互联网将中国的年轻父母聚拢在某个平台上交流分享，让他们获取高质量的育儿知识，通过交流分享去培养下一代。"它不是我们可以做的最大的事，但是坚持下来就是可以改变一代中国人的事。"王怀南说。

创立宝宝树那年王怀南 40 岁，第二个孩子刚刚出生不久。选择进入母婴行业，既有感性也有理性的成分。感性的一面是，他和太太从美国回来，发现在美国成熟的母婴社区在中国并不存在，这导致年轻的父母在孩子降临时往往不知所措，得不到信息的共享与交流；理性的一面则是，中国人口出生数字近年来都在 1500 万以上，特别是 80 后子女的诞生更迎来了新一轮生育高峰。如此巨大的人群，也就意味着无限可能的商机。"只有互联网才会认为母婴市场是非主流，人们会认为美国强生公司从事的是非主流行业吗？"曾在快速消费品行业翘楚宝洁公司工作，又在互联网公司雅虎、谷歌深受影响的王怀南认识到：互联网已经成为人们生活的一部分，只有深入民生领域，才是符合大势所趋、并能改变人们生活的事业。

2007 年 3 月，宝宝树网站正式上线了。最初网站选择社区作为切入点，让初为父母的人群分享从孕期、迎接新生命到抚养新生命的知识,交流经验。在这里,王怀南发现,每一天年轻父母都在急切地学习、分享育儿知识,也热切地探讨甚至担忧孩子的教育和成长。他意识到,宝宝树仅仅作为中国领先的互联网母婴交流平台还不够,还应该把优秀的早教带进千家万户。12 月底,宝宝树推出早教产品"米卡成长天地",实现了互联网与教育产业的双剑合璧。

2012 年,移动互联网大势迅猛袭来。已经在 PC 上积累了大量用户群和用户黏性较强的宝宝树,此时站在十字路口,是坚持一条路将 PC 做大做强,还是积极拥抱移动互联网?这时公司内部也出现了不同的声音,对能否留存用户有很大争议。"如果移动端的游戏赢不了,我们就会输掉。宝宝树转得并不算早,但一旦决定转型就是毅然决然的了,把大多数资源都转移到移动端的开发中来。"王怀南说,移动浪潮的速度比想象中还快,因此,必须抓住这次浪潮的机会。对宝宝树而言,这就像第二次创业,他们必须重新来过。在这个过程中,王怀南也深入研究其他互联网公司案例,他发现,由 PC 转到移动的公司,往往容易失去重点,同时推出上百个应用,以赌博的心态赚取某一个的成功。而新晋的创业公司,则聚焦在一款产品上。平衡二者他最终决定,在宝宝树纷繁的项目中合并同类项,更加聚焦地打造核心产品。比如,按照不同阶段划分,宝宝树移动端产品包括提供备孕以及孕育期知识分享与交流服务的"宝宝树孕育",以及记录孩子成长的照片及分享生活状态的"宝宝树时光"等。时至今日,宝宝树在移动端和 PC 端的使用率已是两分天下。

2014 年,大量资本突然涌向母婴类为主的垂直电商。蜜芽宝贝、辣妈汇、麦乐购、贝贝网纷纷进入千万美元俱乐部。相比之下,宝宝树在 2014 年 10 月上线的电商"美囤妈妈"似乎"赶了个晚集"。王怀南则认为这其中自有道理。事实上,宝宝树三个创始人都有丰富的电商经验,邵亦波曾是前易趣网(Eachnet)创始人,王怀南、孙至俊则曾在雅虎、一拍任职。甚至从宝宝树创立起,几个创始人就思考过宝宝树电商化问题。当时,红孩子风头正劲,宝宝树也与之有合作,但他们发现,母婴垂直电商在价格上没有优势,很容易被通用电商吞并掉;海外直购模式时间又较长,不适合常具有迫切性需要的母婴群体。对此,宝宝树希望避开这些问题。

"在育儿这样一个特殊领域,如果避开社区或者知识,直接切入利益点或者产品点,可能欲速则不达,也没机会汇聚一批有刚性需求的用户和人才。但经过多年的创业,宝宝树的用户和社区培养已经走到非常成熟的阶段,现在已经到了我们发力电商的最佳时机了。"王怀南说。从 2014 年 10 月上线到 2015 年 1 月,仅三个月的时间已有 100 万父母购买过美囤售卖的产品。而这个产品的正式上线,也意味着宝宝树"俱乐部式"电商的崛起,可以为用户提供更专业、更贴心的生活服务。

2015 年 6 月,宝宝树再次迎来新的里程碑——启动中国母婴开放平台战略,全面打开 PC 端、WAP 端以及 App 和线下早教等所有平台资源,任何企业及品牌都可以成为战略合作伙伴。对王怀南来说,虽然宝宝树在母婴圈已覆盖到了 80%～90% 的用户人群,但尚不可能提供所有母婴人群需要的衣食住行等信息、工具,因为这需要社会化的过程,因此,宝宝树希望构建一个像微信那样的中国母婴的生态圈。而与后者不同的是,宝宝树的开放,不仅是只对旗下投资的公司开放,甚至向竞争对手也敞开大门。"宝宝树只有这样做,自己才是长青的。"

创立宝宝树时,欧美处于母婴统治地位的网站是 BabyCenter。如今,宝宝树以月独立访问量过亿,服务覆盖中国 85% 以上孕期妇女到 6 岁儿童的规模成为全球最大的母婴网站。同时,它也从 8 年前纯粹的记录和交流学习育儿知识的网站演变成全面覆盖 PC 端、移动端、早教产品、电商和智能硬件的多元化母婴服务平台。在 2015 年中国孕婴童行业市场规模将超过 2 万亿元的今天,宝宝树真正站在了风口。面对未来,王怀南有更大的野心,在合适的时机进军海外市场。

事实上,宝宝树的每一步都在稳扎稳打,表现出兼顾产品与商业模式的深思熟虑。2007年上线之初,宝宝树完成第一轮来自经纬创投及宝宝树创始人兼董事邵亦波个人的风险投资融资1000万美元;2008年3月,经纬再次投资1000万美元。宝宝树也在成立第二三年时即实现盈利。2014年1月,好未来集团(原学而思)再次向宝宝树注资1.5亿元人民币。之所以选择这样的投资人,也在王怀南的战略思考中,因为宝宝树自身也有一部分是教育资源,未来教育是其重要领域。与好未来的合作,将会把教育资源延伸到更广阔的年龄段。

中国母婴行业尚没有诞生一家上市公司。王怀南认为,这个状况是因为大部分的母婴公司起步较早,在行业爆发式增长前已折戟。而新兴的创业公司,还尚待市场冰与火的考验。事实上,解决民生衣食住行问题的垂直网站,都需要10年或以上时间的积累和磨合,才有可能成为一家在业内有竞争力的领袖型公司。比如,58同城成立于2005年,大众点评网成立于2003年,都经历了漫长的过程。而对于刚刚走过第八个年头的宝宝树而言,上市还不是当务之急。"人生没有捷径,领悟都是用生命的经历换来的。"

曾在谷歌工作的王怀南也留下了一些谷歌印记。比如对产品细节的关注是宝宝树最在意的事情,还有就是广告,既要对广告主有价值,又不能扰民。"谷歌对产品和商业价值都是两手抓,这种节奏感和平衡度,今天的宝宝树做得不错。"在离开谷歌之初,王怀南差点和邓锋、吴炯一起在北极光做投资,但最终选择了创业。在他看来,创业之路更艰辛也更有意义。而关于谷歌帮的老同事,王怀南和周韶宁一个身在北京、一个身在杭州,也经常通电话沟通彼此企业规模、所遇瓶颈及解决方案等。

2014年年底,一款基于"浸润式学习方式"、帮助0~6岁孩子的父母完成子女英语启蒙的App"叽里呱啦"登陆国内移动市场,它的创始人正是原谷歌团队成员。王怀南参与了这个项目的投资,而这也是其全面扶持母婴业态所迈出的重要一步。

随着中国第四波婴儿出生大潮的到来和居民消费收入的持续提升，有数据预估，2015年中国母婴整体市场将达到2万亿元的规模，占社会消费品零售总额的6.8%。2014年，中国孕婴童用品网购交易规模为1317亿元，2015年这一数值将达到1657亿元。这样的数字，对已经积累8年的宝宝树而言，是巨大的机会，但也意味着在竞争日益激烈的创业领域迎接更大的挑战。"我会为了使命往前冲，但速度不是最关键的。我们的成功不是某个结点的成功，20年之后做父母的一代人可能会说我刚出生的时候妈妈就用宝宝树，我看她写的日记，也思索了育儿方式。这是我们做的最有价值的一件事。"

稻盛和夫说，将平凡变成非凡靠的是"持续"。不选择捷径，一步步、一天天拼命、认真、踏实地工作，积以时日，梦想变为现实，事业获得成功，这就是非凡的凡人。

选择进入物流行业，周韶宁的创业之路是艰辛的。他用互联网改造传统物流业，打造一家"综合供应链公司"。我们看到他用了将近10年时间，将供应链、快运、快递、云平台和金融服务整合起来。同样，王怀南和他的合作伙伴虽然早就涉足电商，但在创办宝宝树后，他们并未急于将网站商业化。而是一步一步走过了社区—早教产品—移动—电商—母婴开放平台之路，在积累大量用户后才开始商业化。可见，沉着、蓄势、平衡和取舍是他们将公司做大的重要因素。

周韶宁和王怀南都是当年谷歌中国的重要人物，在加入谷歌前，他们经历过商业世界的血雨腥风；在离开后，他们不仅将更丰富的经验运用于创业，最宝贵的一点是，他们深刻地领会互联网的内涵：用什么样的手段和方法解决传统行业的问题；如何在不断进行产品迭代的同时，不让用户对广告反感；用什么样的思维打造商业模型和链条等。

在两人身上,我们也看到创业选择与个人性格经历息息相关。周韶宁本身就是个实干家,他有决心有毅力能吃苦;王怀南做母婴,则恰逢自己孩子出生。但选择一份伟大的事业在需要感性和偶然性的同时,也更有理智因素和必然性:一方面,中国电子商务蓬勃发展,物流和信息是商业的发动机,供应链成为其中最关键的因素。另一方面,在母婴领域,中国人口出生数字近年来在1500万以上,80后子女的诞生更迎来了新一轮生育高峰。如此巨大的人群,就意味着宝宝树无限可能的商机。

周韶宁和王怀南已经将自己的创业公司发展为互联网领域的大公司,但无论是百世物流还是宝宝树,还都行走在成为"伟大公司"的路上,正如王怀南将"成功"定义在未来20年:想要真正基业长青,如何顺应大势、稳扎稳打、思考模式、把握市场,甚至真正影响和改变一代人……这都是一条漫漫长路,他们也将不断求索。

# 以安卓成就小米

2009 年,时任谷歌移动平台副总裁、被称为安卓之父的安迪·鲁宾经常来到中国,向当时的谷歌中国工程研究院副院长、全球工程总监林斌了解这个快速成长的市场,并探讨如何将这套基于智能手机的开源系统发挥出更大价值。这一年,林斌几乎跑遍了中国所有手机公司,风生水起的移动市场让他感叹"这里太疯狂",一个数字可以窥见一斑:2007 年年初,中国市场还是以诺基亚手机为主的时代,谷歌通过 UCWEB 移动浏览器获得的日搜索量不到 20 万次;到了 2010 年,日搜索量达到 2700 万次,3 年时间增长了 100 多倍。要知道,那个时候,iPhone 手机在中国刚刚普及,安卓系统也才发力不久。

即便已经预料到这里会有大事发生,但林斌还是没有想到在这场跟手机、移动相关的轰轰烈烈的运动中,自己会成为时代的主角:同年,李开复将他介绍给金山副董事长雷军(2007 年金山软件上市后,雷军卸任金山软件总裁兼首席执行官职务,担任副董事长),两个人一拍即合,从探讨业务到共同创业,在短短几年内,他们创办的这家公司缔造了一个又一个传奇。2014 年 12 月,源于 All-Stars、DST、GIC、厚朴投资与云峰基金等多家公司的投资,小米公司完成约 11 亿美元融资,市值达 450 亿美元,成为当下全球市值最高的新创品牌。

这是一个关于梦想和奇迹的故事。故事的主角林斌,风趣、淡定、从容,并没有惊天动地的豪言。但他的每一次选择、取舍和付出,都注定了让自己登上通往未来的方舟。

## 第一台电脑

正如《异类》那本书所言,人生的路径、取得的成就和年少时接触的环境、获得的机遇密不可分。不少早期加入谷歌的工程师,都是中国最早接触电脑的一批人,林斌也不例外。

林斌出生在广东一个医生家族,除了父亲是化学工程师外,整个家族一半人都是医生。按理说,林斌走上学医的道路似乎是理所应当。但一个偶然发生在 1982 年,当时林斌正读初三,公派留学美国的母亲从每个月 300 多美元的收入中,在纳税、房租支出外,攒钱为他购置了第一台个人电脑。因为价格高,母亲买不起当时美国流行的 Apple Ⅱ,而是买了由一家香港公司贴牌生产的电脑。这台电脑不带显示器,只有一个键盘,要用一根线连接到电视机上使用;它也没有机内存储,所有数据、程序都要用磁盘存储读取,可以说非常原始。然而,这却让林斌成为同学中最早接触电脑的人;这台电脑更开启了他的心智,让他走上了一条与家族大部分成员截然不同的道路,从而成为家里的"另类"。

这台电脑最大的功能是编程,林斌就用它学习 BASIC 语言,并编了一个小游戏:在分辨率很低的格子里,下边有人,上边有东西在飞,人打中东西,东西就会掉下来。林斌回想起这个有点像打飞机的游戏,说它"很简单也很傻";令他印象深刻的还有,他编写了一个做考试成绩排名的小程序,可以把全年级200 多位同学的所有科目考试分数输入进去,通过程序可以统计总分、平均分,进行科目排名。这些,都是林斌在计算机世界遨游的一些初探。

1986 年,学习成绩优异的林斌被免试保送进入中山大学电子系。1990 年,他远赴美国费城 Drexel 大学攻读计算机科学硕士学位,从此打开了通往世界的大门。

## 改变命运的职业选择

如果说,年少时接触电脑,让林斌有机会进入前沿的科技行业,从而走上和家庭不同的道路;那么接下来几次职业生涯的转变与选择,则真正改变了他的命运,让他从优秀走向卓越。在这个过程中我们看到他的选择,舍与得,每一环都和未来紧紧相扣。

1992 年,在美国读完计算机系研究生后,林斌加入美国一家大型自动化处理公司 ADP(Automatic Data Processing)担任软件开发工程师。这是一家从事开发自动化报税系统和自动化数据处理系统的公司。林斌受命在这里做一套股票交易系统,这有点像港交所,办公室里一台电脑能够看到实时的股票变动,并且精确到零点几秒。"我那会儿不懂股市,懂的话就炒股票了。"林斌回忆道,纳斯达克指数当时只有 200 点,二十几年后已经到了 5000 点。而那时的他,只想好好做一个程序员。于是,他在 ADP 度过了三年时光。

1995 年,林斌觉得在这里学得差不多了,就想换一个环境。当时他工作生活在美国东海岸,也向几家公司投了简历,华尔街和财务、投资相关的几家公司向他伸出了橄榄枝,也提供丰厚的收入;但就在林斌踌躇之际,突然接到位于西雅图的微软公司的电话,邀请他面试工程师职位。林斌觉得有点意外:第一,他之前并没有想过离开东海岸;第二,微软是一家颇有影响力的公司,这又让他充满好奇。于是,他从东海岸飞行 6 小时到达西海岸的微软公司。一天面试下来,双方的感觉都不错,微软当即给出两个团队让他选择。当时林斌心里既喜悦又激动,但紧接着,他被泼了一盆冷水——原来,微软开出的薪水比东海岸的工作几乎低了 50%。

当晚,林斌就给东海岸的太太打电话诉说微软面试的经历,但电话还没聊完,他内心已经做出选择。第一,林斌当时差不多二十六七岁的年纪,在职场上还在学习阶段;第二,微软在软件产品、技术研发上是全球最强的公司,在这里会有很大的成长空间。虽然留在东海岸,比如在华尔街工作,也许会让未来的他成为一个资本高手,但林斌更希望自己在技术上得到扎实的提升,他认为这才是他的未来。于是,他决定举家迁往西雅图。

进入微软的林斌成为一名软件工程师。从 1995 年 8 月,一直到 2006 年,他一干就是 11 年时间。刚进微软时,整个公司人数已经超过 1 万,但中国人非常少,甚至所有华人加起来屈指可数。后来,林斌在这里和李开复成为同事。林斌很喜欢微软这份工作,因为这里有典型的工程师文化,能学到当时最先进的编程和软件工程技术,老员工有话语权,既得到大家的尊敬,也有很大的发展空间。那时候林斌想,这就是我一辈子的工作了,恐怕未来我要从这里退休。他的技术也在这里得到了长足进步,直到今天这仍是他引以为豪的重要技能。"大家都了解雷军写代码能力很强,我没跟他比过,但是我觉得我不会比他差。"林斌笑称。

2000 年,李开复回到中国创办微软亚洲研究院(当时还是微软中国研究院)已有一年多时间,他希望在微软总部找一个有产品开发经验的华人工程师,回国加入微软中国研究院,专门负责研究技术产品化的研发工作。于是,在微软总部做核心产品开发的林斌,受邀回国担任微软中国研究院研发经理。当时的林斌,已经在国外生活了 10 年,虽然适应了那边的生活,但他很想回国看一看。

林斌依然对 2000 年回到中国时的场景记忆犹新,当时他在友谊宾馆住了 6个月,北京的天气还不错,但四环路还没通车,林斌每天走路上下班。微软公司在知春路,办公室周围几乎还全是平房。然而这些年过去,北京的发展已是日新月异,高楼林立。林斌回国后还发现,国内的人才能力超强。在微软时,他跑去全国多所大学,给学生做笔试面试。他注意到,国内学生的理论知识强,基础打得牢,虽然刚工作时做程序还有欠缺,但只要坚持三四年,绝对不比美国做十几、二十年的程序员差。另外,在这个过程中,林斌也见证了中国 IT 行业崛起的过程,"国内 IT 公司的研发人才、设计人才、工程人才全都成长起来了,国内市场也发展壮大了。反而外国企业,在中国的发展越来越弱势"。

在微软亚洲研究院,林斌的研发团队负责将研究院的技术转化为产品功能。三年时间里,在他的主导下完成了超过 70 项的技术转移,覆盖多媒体、语音、数字墨水、图形、无线通信和互联网应用等技术领域。在李开复回到美国就任微软全球副总裁后,2003 年,林斌又和张宏江、张亚勤一起创办了微软亚洲工程院。在担任工程总监的日子里,他主管工程团队组建与管理,工程院从建院时 30 多人,扩展到 2006 年的 400 多人。他也领导 100 多人的研发团队负责 Windows Vista、IE8、语音识别及合成、实时通信等重大软件项目的研发。2004年,林斌还获得微软公司最高贡献"金星奖"(Gold Star Award)。

2005 年前后,回到中国成为谷歌全球副总裁的李开复再次找到林斌,他希望后者加入这个快速崛起的全球互联网公司。过去从没想过离开微软的林斌此时心念有了些变化,他想自己是不是可以试一试:第一,他看到除了微软之外的一个全新行业,这就是互联网。在微软的 11 年间,他曾经历这家公司快速发展到达顶峰,又开始缓慢下降的整个过程。1995 年,刚加入微软的第一年,公司股票一年内涨了一倍,第二年再次翻了一番。到了 1999 年,股票再次翻番。但从那之后,便开始下降,后来还经历了几年低谷。经历了这个过程,看到这家巨头公司的鼎盛和衰落,林斌也发现了它发展中的一些问题。比如,李开复告诉林斌,在谷歌,一个项目的开发周期只要三个月。林斌一听非常震惊:因为在微软,一个项目的开发从最初的一年,已经到了三年甚至五年,决策过程越来越慢,在科技发展变化日新月异的时代,它似乎有点"落伍"了。

再有,林斌试探性地问李开复:"如果我加入谷歌,能不能做些新鲜有趣,又跟中国业务相关的工作?"李开复本想问他要不要做搜索,但当时刘骏已经早林斌半年加入。李开复想了想说:"那你来做移动吧!"林斌一听,觉得这个机会真的只有谷歌中国才能有;李开复又说,百度音乐很火,想要跟他们竞争,可以把音乐也搞一搞。因此,加入谷歌的林斌成了主管 MM(Mobile & Music)项目的副院长。

林斌觉得发生的这一切都很有戏剧性。2000 年以前,他完全没想过未来会在国内发展,甚至没去过北京。"我觉得我从来不是那种高瞻远瞩的人,看不了那么远。"林斌说,当时回国的想法很简单,就是觉得国内的机会不错,做研究院本身挺有意思,能把技术变成产品,也是自己擅长的事。太太也很支持他回国试一试,于是林斌就这样回来了。但是,真正了解中国市场后,他开始意识到,这是一个藏龙卧虎、充满了机会与挑战的巨大市场。这里,将大有可为。

## 谷歌和微软大相径庭

进入谷歌后,林斌发现这里有几件事和微软特别不同。首先是产品研发速度特别快。比如,Google Music 是他在谷歌新开发的项目,耗时最长,也不过花费一年时间就发布了第一版。一些相对小的项目,一名产品经理、三四名工程师仅仅两三个月就可以做出来。

　　这个情况在微软是不太可能的,产品从功能定义到设计师设计、工程师开发、产品测试,才算完成第一个阶段;接下来还要进行新功能、新设计、新开发的循环测试,一个项目从开始到完成大概需要两三年时间。林斌记得刚进微软时,最快的一个项目大概用了一年,之后则慢慢变成一年半、两年、三年。最后一个项目竟然做了五年,在 2000 年时还是好的产品概念,到 2005 年产品发布时已时过境迁。

　　还有一点,微软的测试工程师与研发工程师的比例是 2∶1,这意味着一个研发工程师写完程序,后面有两个工程师等待测试。测试工程师的职责如此,当然会想尽办法发现问题,哪怕跟用户的关联不大。而所有问题,都要等研发工程师一一解决掉,再次测试合格才能推向市场。

　　但谷歌的产品是在互联网上发布的,并不需要测试工程师,谷歌认为最好的测试来自用户。只有接触用户,才能得到最关键、最有价值的反馈。虽然产品初次上线难免会有一些 BUG(漏洞),但工程师必须在产品上线后短时间内将用户提出的问题全部解决掉。因此,相比微软,谷歌解决这些问题的时间,可能仅仅是几周,甚至几天。"学到了这一点,在小米,我们也知道如何抢时间。小米的迭代是一周一次,一年下来就是 50 次升级,5 年下来应该有 200 多次。"通过不断修改和迭代,产品被打磨得更加极致、人性化,这是传统软件公司"不知道的事"。

　　回想起来,林斌觉得如果自己不离开微软加入谷歌,可能学不到这样以用户为中心的"互联网思维"。不过,他的合作伙伴,小米创始人雷军则很早就领会到这一点。雷军曾参与经营过多家公司,卓越、凡客都是互联网公司,研发理念、怎样做论坛、如何跟用户互动,雷军很有一套自己的想法。所以,当在谷歌的林斌与雷军相遇后,两个人的沟通几乎没有障碍,也颇有默契。

　　在谷歌学到的第二点是移动互联网。林斌当年在谷歌从事移动产品的研发,包括移动搜索、地图、语音识别,大大小小做了不少项目。对于安卓开源系统,当时安迪·鲁宾开放给各大市场负责人很大空间,在中国,就曾有一支团队专门进行安卓内核与输入法框架的相关工作,也做得很成功。但后来谷歌退出中国时,包括输入法在内的很多项目都被收回美国总部。那时,安迪·鲁宾也差不多每个月都会来中国几次,进行产品的推广、合作,与各个 OEM(定点生产)厂商协调、做技术支持。2008 年 10 月,谷歌正式发布了 Android 1.0 版本。2009 年,林斌作为谷歌移动和安卓研发在中国的负责人,拜访过国内几乎所有手机厂商,包括联想、酷派、Oppo、魅族、步步高等,并与中国移动推出了 OMS(开放移动系统)下定制的首款基于 3G 网络的手机 OPhone。在这个过程中,林斌发现所有的厂商都非常欢迎安卓系统,这里有很多发展机会。

当时移动的团队,包括负责商务的田行智、移动产品经理许斐(如今也加入小米科技),以及沈思——她是许斐之前的移动产品经理。刚回中国的沈思目标就很明确,将来自己要在中国创业,所以她回国后先在谷歌平台上了解中国市场,看看能干什么、怎么干,后来她创办了木瓜移动。林斌认为,也正是当时负责移动项目,奠定了后来小米的基石。

开发小米 MIUI 后,林斌认为很多理念其实跟当年做安卓一模一样。首先,小米能够在开源的安卓系统上做深度的二次开发,而且谷歌支持这些改动,只要兼容性保持一样。第二,谷歌在美国做 NEXUS 手机直接在网上销售,目的也很简单,就是希望能够让消费者以更低廉的价格买到更好的手机;虽然商业上没有成功,但是它的想法和商业模式,和小米是一样的。

林斌从谷歌学到的第三点是,它在某种意义上鼓励员工创业。在微软,如果员工表现好,老板会想尽办法将其留在公司效力;当然谷歌也会如此,但如果员工真的想清楚要创业,谷歌则会鼓励和支持这样的想法。一方面,他们会询问员工的想法,看看谷歌内部有没有机会;如果内部暂时没有计划,员工完全可以去开创自己的事业;如果做得好,谷歌还会考虑对这些项目进行投资。因此,谷歌的创业氛围非常浓厚,一部分人用20％的时间实现他们的理想,也有不少人跑到外面的世界试一试。林斌还记得自己离开谷歌创办小米时,昔日美国的上司,谷歌副总裁比尔·库格伦(Bill Coughran)对他讲:"Bin,恭喜你,你的创业很难得!"两年后,比尔自己也离开了谷歌,成为红杉资本投资人。

## 强大的人脉矩阵

在林斌的职业选择中,李开复是对他影响很深的一个人。迄今为止,林斌认识李开复已经超过15年。早在2000年,从微软回国的林斌,正是得到李开复的游说才结束美国十几年的生活;虽然后来李开复很快回到美国担任副总裁,但即便如此,他也和林斌以及整个微软研究院密切探讨业务和想法。2006年,加入谷歌后的李开复再一次找到林斌劝说他加入谷歌,林斌才开始考虑自己的人生是否可以再次发生转变。"如果是别人,我很难说能不能下这个决心。"林斌说。2003年,尚未上市的谷歌已经引起他的注意:林斌的好友,也是高自己两届的师兄李文飚加入谷歌,他带着林斌参观了这家开放又有趣的公司,并享用免费的一日三餐。"说实话,这家公司真的很打动我。"但当时林斌刚参与创办微软亚洲工程院,最终还是选择留在微软。

林斌离开微软有两个原因:第一,李开复对行业脉搏把握很准,因此林斌相信计算机行业即将面对一场巨大的变革;第二,李开复也很支持林斌的选择,尤其当林斌想要去谷歌做些有前瞻性的事情时,李开复给了他从事移动项目的机会。

在谷歌负责移动的林斌,第一个合作伙伴就是做移动浏览器的UCWEB,双方的合作模式很简单,即在UC浏览器里加入谷歌的搜索框。但这个小小的合作却让林斌看到中国互联网的疯狂成长：2007年年初，中国还是诺基亚手机的天下，日移动搜索量不到20万次。但是到了2010年林斌离开谷歌之前，已经达到2700万次。林斌相信，这个市场正在发生一场跟移动、跟手机相关的骤变。

还有一点也很重要，如今小米科技林斌的最重要搭档雷军，正是2009年李开复介绍认识的，雷军也是UCWEB投资人。

认识雷军之后，两个人的创业似乎是一拍即合。虽然当时林斌也有一些在移动方面创业的想法，但是做什么、什么时候做、跟谁合作，并没有明确想法。跟雷军接触后，林斌发现他对移动互联网的想法非常前瞻，也对中国市场的机会有很强的捕捉和洞察力。雷军跟林斌分享了很多他投资的方向和想法，刚开始，林斌还以为雷军是想投资他，聊着聊着，才发现原来是打算两人共同创业。

事实上，对中国移动行业和电商都熟悉的雷军和对安卓系统了如指掌的林斌，这两个人对小米的整个商业模式已经想得很清楚。第一，做一台国内很好的智能手机；第二，通过电商直接销售；第三，从软件开始，用开源安卓系统把用户体验做好，至少做得比原生安卓要好。但即便商业逻辑清晰，当时的林斌还有一个顾虑：钱从哪里来？他2009年开始跟中国所有手机厂商打过交道，特别了解这个行业，做手机最重要的是钱，如果一个月卖1万台，假设一台成本平均需2000块钱（这是当时林斌自己的估计），那就是2000万元，一年就是几个亿。这不是个小数字。没想到雷军对他说："你放心，我出钱。""他跟我至少讲了三次，他说没关系，我们先去融资。融不到钱，我有股票。"林斌一听，这才放下心跟雷军彻底"任性一把"。

2009年年底，他们已经决心要做一家手机公司，首先要做的事情就是进一步找合伙人。林斌推荐的第一个人是黄江吉，人称KK，这个帅气小伙是香港人，毕业于美国普渡大学，1997年加入微软成为林斌的同事。2005年，就像当年李开复将林斌拉回中国那样，林斌劝说黄江吉回到中国。通过努力打拼，KK不到30岁就成为微软工程院首席工程师。然而2010年，在微软工作了13年的KK，开始思考一个问题：是创业还是继续留在微软？是在中国发展还是去美国？恰在此时，林斌把KK介绍给雷军。在知春路的翠宫饭店咖啡厅里，三个人一聊就是4个小时。KK被面前真心想做出一番事业的两个人打动，决心跟他们一起创业。就这样，黄江吉成为小米科技第三位联合创始人。

第四个加入小米战队的是黎万强，人称阿黎。他毕业于西安科技工程学院工业设计专业，毕业后就进入金山软件人机界面设计部。2000年到2003年期间，他曾参与金山毒霸、金山词霸、WPS Office等多个软件项目的不同版本开发，并主力完成交互及界面设计的创作工作。2009年年底，黎万强正准备从金山辞职，雷军得知后，立刻让林斌将他揽入麾下，成为主管MIUI的联合创始人。据说，小米科技初期尚无太多人手时，黎万强曾创下43小时不睡觉，亲自设计主要交互及界面的纪录。

到了2010年3月，谷歌产品经理洪峰找到已经准备从谷歌离职的林斌。洪峰毕业于上海交通大学计算机系，也在美国普渡大学获得计算机科学硕士学位。他曾在甲骨文公司工作4年，2005年进入谷歌美国任高级软件工程师，负责过Google日历、地图3D街景项目。2006年，回国后的洪峰负责垂直搜索、音乐搜索，并主导谷歌中文输入法和视频。曾和林斌有过4年密切合作的洪峰问林斌："你有什么创业计划？"之前一直没在谷歌内部透露口风的林斌说，"我在创业做一家手机公司"，并问洪峰有没有兴趣。洪峰一听非常激动。这样，在小米几个创始人里，KK负责工程，阿黎做设计，洪峰恰好补足了之前空缺的产品经理，成为第五个联合创始人。

同年6月，直到小米开发出MIUI系统，雷军和林斌开始到处寻找硬件合伙人。他们花了3个月时间，才找到佐治亚理工大学博士、曾是摩托罗拉最畅销机型"明"的硬件研发负责人周光平,以及毕业于美国艺术中心学院,创办了北京科技大学工业设计系并任系主任的刘德。就这样,小米的七人黄金创始人团队正式成立了。

## 商业模式的成功,而非单一闪光点

1985 年,彼得·德鲁克在《创新与企业家精神》一书中,描述了产业与市场结构变化带来的创新机遇:"的确,产业和市场结构看起来是如此牢固,以致业内的人们往往会认为这是早就注定的,是自然秩序的一部分,而且会永远持续下去。事实上,市场和产业结构相当脆弱。一个小小的冲击,就会使它们瓦解,而且速度往往很快。一旦发生这种情况,产业内的每个成员必须采取应对措施。沿袭以前做事的方式注定会给公司带来灾难,甚至可能导致一个公司的灭亡。至少,这家公司将会丧失它的领导地位;而这种地位一旦丧失,很难东山再起。但是,市场和产业机构的变化也同样是一个重要的创新机遇。"

在世界经济高度一体化和快速增长的几十年后,彼得·德鲁克的话仍然掷地有声。在手机市场,昔日的霸主诺基亚、摩托罗拉轰然倒塌——曾几何时,人们认为其构建的手机帝国固若金汤,甚至将基业长青。然而,互联网对市场的冲击,加之主要决策者错误的选择,使得创新公司成为旧秩序的终结者: iOS 系统和跨时代的 iPhone 之于苹果公司,向全球免费开源的移动系统 Andriod 之于谷歌公司,成为这场风暴中的主角。而在中国,有着 13 亿人口的巨大市场,又有人追逐浪潮成为新的颠覆者。毫无疑问,小米站到了风口浪尖上。

2015 年,小米科技成立 5 周年。数据显示,2014 年小米手机销量为 6112 万台,较前一年增长 227%,小米已经成为仅次于三星和苹果之后全球第三大智能手机生产厂商。诚然,这家公司从诞生起就有人质疑:一家初创公司何以叫板苹果？也有人将其成功归结于"营销的成功"。但这 5 年来，这种持续的增长，证明其真正的核心竞争力并非某一个闪光点，而是在合适的时机选择了正确的商业模式。

这就是"硬件＋软件＋互联网"的铁人三项商业模式。小米 MIUI 的确是中国优秀的安卓定制系统，但单独的 MIUI 也好，抑或手机及智能硬件、电商系统也罢，都不足以成就今天的小米。只有这些相加，才会发生化学反应：高配低价的产品、快速反应的供应链和良好的用户口碑。

事实上，在小米 5 年的发展中，林斌与雷军在探究商业模式的时候，也参考了几家公司的经验与教训。

小米参考的第一家公司就是谷歌。之所以谷歌在网上卖 NEXUS 手机，核心就是未来手机量足够大时，在上面能够通过谷歌服务赚到钱——这也是谷歌买入安迪·鲁宾做安卓的根本动因。同样，小米商业模式很重要的部分，就是当手机达到一定销量，再把软件、服务做好，会有足够大的盈利空间和机会，这是第一个商业模式。

参考的第二家是亚马逊的 Kindle，这也间接验证了谷歌的商业模式。Kindle 最便宜的产品只有 79 美元，销售硬件几乎不挣钱。但是如果算下来，购买 Kindle 的用户，之后平均购买 5 本图书(每本书大概 6 到 10 美元)，总利润就大大提升了。这和谷歌类似，相当于像免费的安卓系统提供给消费者，但谷歌搜索、地图、Google Play、Gmail 则能够为谷歌带来盈利。

早在小米成立之初，雷军和林斌就对这两家公司的商业模式进行了透彻的分析，同时再参考国内的电商发展，而雷军则更有经验。无论中国淘宝、美国亚马逊，还是雷军当年运作的卓越，都是通过电商将产品的价格做到更低，这不是降低产品成本，而是商业模式造就的。

当年雷军找到林斌时，还在谷歌的林斌就高度认同这个商业模式。而雷军则影响了这个商业模式,把谷歌在美国没做成的事情,在中国做成了。谷歌也一度希望在美国把 500 美元、1000 美元的高端手机能够卖到两三百美元;但它的失误在于不懂电商,把手机丢到网上,却疏于用户服务,过于天真地把电商与网站等同起来。安迪·鲁宾甚至为此事向全公司道歉。"如果看小米今天的规模就知道为什么谷歌没做成了,电商平台 5000 多人,客服、仓储、物流还有售后,是一个巨大的团队。"

在中国,加载安卓生态系统的 MIUI,也经过了一系列打磨,使得其在深度和广度上成为安卓原生系统中最优秀的一个。从深度上看,每一个应用里都有延伸服务,比如联系人里有黄页、打车、手机充值、买 Q 币、买飞机票、发快递、查找美食、预订酒店……这些服务都以小米为平台和第三方合作完成;小米的云服务还可以将手机中各种数据存在云端,无论照片、音乐、便签、Wi-Fi 热点、联系人、通话记录,全部可以实现,更换一个手机完全不需数据导入导出。在深度上,小米已经超越谷歌在安卓中所做的内容。

在广度上,小米从最初的单一手机产品延展到智能硬件、智能家居,用手机可以控制摄像头、净化器、智能插头、电视产品等。在系统级别,手机也整合了这些智能硬件的管理。"只有对系统有 100% 的控制,才能做这种深度掌控。"

虽然在深度广度上做了很多,但林斌认为很重要的一点是,小米系统外观看上去与原生安卓不同,但实际上仍然是原生安卓,在内核上是兼容的。因此只要熟悉安卓系统,整个流程操作就很简单。而做到这些,也跟林斌与谷歌保持着密切合作不无关系。

## 小米的转折点

在小米科技发展的 5 年中,林斌认为,有几个重要转折点。

第一个转折点发生在小米成立之初。小米科技成立时，并非一开始就做 MIUI，而是做了一个叫"小米司机"的查询违章 App。做这个应用的理由说起来颇有意思，最初公司几个创始人有的来自微软，有的来自本土公司。当林斌和雷军找到刘芹融资时，刘芹提出了一个问题：你们的经验我不担心，但小米的人员构成五花八门，是否经得住磨合？回来后，为了检验刘芹的顾虑是否真的存在，大家建议先从一个小项目练手。小米司机虽然是一个小应用，里面却有很多商业思考，比如做违章查询，可以延伸到二手车推荐，还能卖保险，甚至可以找停车位。在这个项目中，大家做得都很开心，团队也经过了磨合，用户量增长很快。但有一天，雷军把几个创始人拉到一起说，我们做小米科技不是为了做小米司机，还是要回到最初做手机的主营业务来。大家这时才幡然醒悟，停掉项目，开始集中做 MIUI。"这是件很小的事情，但我觉得一个初创公司很容易走偏，被一些小的成就迷惑。所以关键还是要想透一件事，坚持一个正确的方向。"

第二个转折点当属小米手机发布。按照原计划，大家打算先做一年软件，之后再进军硬件市场。但 2010 年 8 月 MIUI 发布后，团队很快意识到，如果只做刷机，各个厂商在驱动和底层存在的问题，由于不开源，小米很难解决，用户体验就难以提升。这迫使做硬件的时间不得不提前，因此，雷军和林斌开始寻找硬件合伙人，当年年末就启动硬件研发，时间提早了一年。2011 年 8 月，小米正式发布第一款手机，11 月份开始销售，并获得了成功。如果不是当时形势所迫，硬件向后推一年，市场机会可能又会大不相同。

第三个转折点则是 2013 年发布智能硬件。小米最初只想做手机，但进入硬件市场后发现同样的模式在相关联的电子消费领域一样适用。但和苹果模式的不同之处在于，小米除了手机、电视和路由器自己研发外，其他都是用投资的方式进行的。小米选择理念相投的合作伙伴，以硬件低价、服务收费的模式共同定义产品,最后由电商销售和推广产品。产品线已经延伸到净化器、摄像头、移动电源、运动相机、耳机等各个品类,未来还有几十家合作伙伴加入。

小米要构建一个什么样的生态系统?林斌认为,首先还是要把手机做好,因为手机拥有一个巨大的市场。因此小米的硬件、软件研发,都以手机为中心,在软件上走得更深,在里面扩展更多对用户有价值的内容。电视是小米看到的另外一个机会,换个角度看,这也是个不同尺寸的电脑。另外,小米路由器也是一个电脑,过去路由器用来连接网络,但小米在路由器里植入处理器、硬盘,可以存储内容,让它变成服务器。所以,无论手机、电视,还是路由器,是电脑的三种不同形态进到细分产品中去。

周边的生态链产品,小米通过不同比例的投资完成。甚至包括美的在内,小米投资占了很小股份,但通过这样的合作帮助他们把过去传统的可穿戴式、家庭硬件变得智能化,用手机来管理。"反过来看,每个设备对我们来讲都是一个用户,就像谷歌做搜索、邮箱、翻译……都是我们的用户。用户只要用了小米的产品,我们就会有机会带给他二次、三次有价值的服务。"这正是林斌对小米生态的构想。

林斌把小米定义成一家互联网公司,一个基于小米生态系统,延伸出一系列硬件,并以互联网作为销售渠道的公司。如今,小米手环月销量已经达到100万只,超过了美国流行的智能腕带 Jawbone;移动电源月销售150万到200万只,成为出货量全球排名第一的移动电源;净化器月销量四五万只,还经常处于缺货状态,已成为最畅销的空气净化器。

"互联网最强调的是什么?就是免费模式。我的设备不能免费,因为毕竟有硬件成本。但是以成本来销售本身就是一个免费模式,而且我的成本还去掉了渠道、市场、制造过程中的一次性摊销成本。所以我们把硬件设备看成用户的入口,所以我们本质上就是一家互联网公司。"

## 挑　战

虽然近年来,中国互联网沃土催生了大量创业公司,也让不少怀揣梦想的奋斗者实现了创业梦和创富梦。但由雷军和林斌等人创办的小米科技在此之中依然是特别的存在:仅仅成立 5 年时间,这家公司的市值就飙升至 450 亿美元,成为当下全球市值最高的新创品牌。小米早期投资者,著名投资人尤里·米尔纳(Yuri Milner)曾表示,小米未来的估值将会突破 1000 亿美元,并有巨大潜力成为中国首个全球性消费品牌。

然而,一边摆脱初创公司的动荡飘摇,一边却又不得不面对变成一家"大公司"的压力。年轻的小米仍然面对很多挑战。一方面,随着手机销量成为中国第一,越来越多的商业伙伴把小米视为竞争对手。过去小米一直都在追赶别人,现在所有人都把小米视为目标。这就让小米无论在手机,还是在其他品类上都面对更残酷的竞争,也必须跑得更快。第二,如何控制好销售的节奏和库存的问题,始终是一门难度颇大的课程。硬件行业和软件有着巨大差别,软件有 100 万、1000 万,甚至 1 亿用户,并不会增加多少成本;但硬件致命的问题是哪怕有 100 万库存,都会成为巨大的绊脚石。摩尔定律也在加速,如今硬件市场每过 3～6 个月,可能就会发生巨大变化。小米常常面临的问题是缺货,比如双十一,平台将很多货卖光了,大家很焦虑没货怎么办;但再过两个月,可能突然发现某个品类产品多了一些,又有了库存,就不得不考虑库存如何处理。如何把握平衡是一件很难的事。

林斌也不认为小米制胜单纯靠的是营销。"制造话题谁都会,最后用户拿到手上把产品比一比,就会分清真伪。产品本身不好,经不起推敲,营销做得越使劲,就死得越快。"

对于创新,很多人还对小米有着误解。"很多人对创新的理解有个固定思维,认为创新就必须是像苹果发布的 iPod、iPhone 那样颠覆式的创新,而不理解我们的创新是一步一步累积出来的。还有商业模式上的创新,大家也不认为这有多牛。"林斌认为,退一步说,小米如果真的要做苹果那样的手机,不是设计不出来,也不是做不出来,而是做出来,真正受益的用户会有多少,它是否能改变大多数人的生活。在中国,四五线城市,甚至五六线城市小米手机更火,那是因为别人卖三四千元、四五千元的手机,小米可以卖不到两千元;别人卖一两千元的,小米可以卖到 599 元、799 元,并且保证好的性能。"在中国经济还在高速发展的时候,还有很多人对消费品的价格很敏感。怎样让这些用户受益?这是小米做的事,也是苹果不会考虑的事。"林斌说,苹果 iWatch 最高能够卖两万美元一个,小米不会做这样的事情。"未来 20 年会不会做我不知道,但至少我们现在不做。创新消费电子产品很简单,只要你肯出钱。但关键是你出了这钱,你的产品做出来是什么,你的定价是什么,谁会买你的产品。我们真的不是苹果,也不可能做成苹果,至少在今天的中国我们现在不应该做苹果,受益的人群不一样。"

在中国市场告捷后,小米也邀请到负责安卓产品设计的前谷歌全球副总裁雨果·巴拉(Hugo Barra)加入公司。在谷歌时,雨果就曾与林斌在谷歌移动研发上密切合作了两年。2010 年雷军和林斌创办小米科技后,雨果一直非常关注,也对其"软件+硬件+互联网服务"的铁人三项商业模式、电商销售模式非常认可。林斌每次飞到硅谷都会跟雨果密切沟通。2012 年,随着小米手机市场的扩大,林斌开始和雨果探讨加盟的可能。直到 2013 年 9 月 5 日,雨果出席发布会,正式宣布加盟小米科技,负责小米海外业务。

事实上,海外市场已成为小米全球化战略的重要一步。原因很简单,在中国互联网公司中,小米最具备全球化的基因——这是由产品本身决定的。另外,对产品而言,如果中国消费者喜欢,价格各方面有优势,全球消费者也会喜欢。2015 年 2 月,小米在美国举办一场小型发布会,邀请了近 100 位美国记者。在之后的评测中,小米得到的评价都非常正面,甚至很多报道认为,过去 20 年是日韩时代,现在中国时代到来了。林斌说:"我在美国生活十几年,那里的消费者都很实在,他们会认为如果 300 美元能买到一个好的手机,为什么要花 700 美元买贵的那个?"虽然考虑到电商以及复杂的售后各方面需要建立,美国市场不会一蹴而就,但小米已经开始试图让那里的消费者嗅到来自中国的芬芳。

当下,小米手机主要开拓东南亚市场和印度市场。原因是这些市场与两三年前的中国非常像,消费潜力大;另一方面,和中国距离不远,合作洽谈非常方便。

林斌并不喜欢谈伟大的梦想,但他内心相信,在自己人生的诸多选择与坚持中,小米是最重要的一个。他认为小米做成今天的成就,运气占了很大的因素:恰逢整个中国手机市场的蓬勃发展,他又幸运地遇到雷军,两个人一拍即合。如果当时没有跟雷军做小米,林斌想自己也许会和李开复一起做创新工场。但那又是另一种人生。小米成立 5 年来,林斌也遇到很多困难,但并没有什么致命打击让他和这个团队迷失方向。他也一直保存着战斗的工作状态:每周工作 6 天,每天离开办公室已是凌晨。"我可能会再做 10 年、20 年,直到自己做不动为止。"

**TIPS**　在马尔科姆·格拉德威尔的《异类》一书中,作者试图揭开天才的"面纱"——那些计算机巨匠的成功背后,往往酝酿着一定的必然性:无论是微软创始人比尔·盖茨、保罗·艾伦和史蒂夫·鲍尔默,还是苹果创始人史蒂夫·乔布斯,SUN 创始人比尔·乔伊,他们都生于 1955 年前后,并在自己的少年时期(20 世纪 60 年代末)接触到最早的计算机。1975 年,当个人电脑时代的黎明到来,他们占据最有利的位置,享受到第一线曙光,并成就其后的科技事业。这在一定程度上说明,人生的路径、取得的成就和年少时接触的环境、获得的机遇密不可分。

谷歌创始人拉里·佩奇和谢尔盖·布林也不例外，两个人都出生在知识分子家庭，20 世纪 70 年代末 80 年代初，他们在七八岁的年纪就接触到计算机，遨游在那个离普通人有些远的世界里。而不少早期加入谷歌的工程师，也是中国最早接触电脑的一批人，无论是宓群、林斌还是周哲，他们伴随着计算机进入中国的步伐，成为最早吃螃蟹的人，也因此很早就确立了事业的方向。

除了早期接触计算机，林斌还抓住了很多人生机遇：有机会在大学毕业后赴美留学；进入上升时期的微软公司；又赶上谷歌的黄金时代；然后，在移动互联网大潮下，他所参与创办的小米再一次站到风口浪尖。然而这一切，除了机遇也和他的沉着、才智、坚持密不可分。

小米的成功，源于对移动和电商领域都熟悉的雷军、对安卓系统了如指掌的林斌两个人对商业模式透彻的思考：这就是"硬件＋软件＋互联网"的铁人三项商业模式。只有几项相加，才会发生化学反应：高配低价的产品、快速反应的供应链和良好的用户口碑。

当然，年轻的小米依然面临重重挑战。其必须应对市场上不断涌现的竞争对手，何况中国在硬件制造上的优势，会让小米和对手们的竞争更加白热化。第二，如何控制好销售节奏和库存的问题，是一项艰难的任务。第三，小米一直引领的是一种中国式的创新，换句话说，其赢在了"最懂中国消费者"上。但是，从长远看，小米能否超越自己，超越商业模式本身，进行引领世界的创新，成为一家全球伟大的科技企业，这些都是其必须面对的挑战。

# 让梦想照进现实

## 汤奇峰与垂直网站大佬们的"密会"

离开谷歌后，王怀南曾和汤奇峰数年没联络。2012 年的一天，王突然接到汤的电话，对方表示正在做一件事，想将中国清一色的垂直网站领军品牌组合起来，打通育儿、教育、结婚、买车等各个垂直领域闭环。这个想法得到王怀南的认可，他当即表示愿意加入，并且不计成本地支持。

汤奇峰并非一时冲动。他早年毕业于北京航空航天大学，2006 年加入谷歌大中华区销售部门任大客户部总监，后投身老上司周韶宁创办的百世汇通物流，不过，汤奇峰发现自己是个"互联网人"，并不适合做实业，于是再次回到谷歌。

汤奇峰始终有一个困惑，谷歌全球化的成长需要照顾所有用户，而大客户的个性化需求在庞大的公司业务体系中却难以满足。2011 年年末，汤奇峰带队十几个垂直领域大佬赴美访问，吃饭聊天时有人提到，国内大量互联网广告实际上被每年涨价的媒体所绑架，于是各方"密谋"有无可能进行直接的资源互换。比如约会网站，约会成功后可能产生婚宴需求，继而是育儿、教育、体育，甚至买车买房……诸多可能性可形成闭环，倘若构建一个生态链条就会让多方受益。"这是个很美妙的话题。"汤奇峰想。

汤奇峰是上海人，身高有一米九，在销售部门任职的他思维敏锐，商业触角广，也善于交际。他开始和众人商量，能否以联盟的形式开放后台广告资源；但此时又产生另一个问题，如何衡量广告价格。51job CEO 甄荣辉说，"换"是伤感情的。一张纸换一支笔你愿意，明天要换一个钱包你还愿意吗？"这个定价如何评估？还有双方未必有对等需求，这就产生了一对一，以及一对多的可能。"在这种需求下，一个独立的第三方平台呼之欲出。汤奇峰认为机会来了。当晚，他就决定，回国后从谷歌辞职。

汤奇峰迅速提交了辞职信。他给自己的创业计划定了几个标准：第一，用技术解决问题，但最终目的是满足用户需求；第二，要解决复杂的问题，所以一定要取得用户的信任。

汤奇峰所指的"用户"，正是以 51job、安居客、慧聪、宝宝树等为主的垂直类互联网平台。2011 年 12 月末的一天，在上海思南路周公馆，汤奇峰和上述几家公司负责人进行了三个小时秘密会议，最终，大家共同签订协议组建 UMA（United Marketing Association，中国互联网优质受众联盟），专门解决大客户之间的广告资源共享问题。汤奇峰的角色是搭建第三方平台运营，为各利益方服务。第一期 UMA 联盟成员共 12 家，包括携程、51job、易车、安居客、慧聪、东方财富、华为、苏宁等。汤奇峰时至今日依然保留着当时自己的名片，他的身份是两个字："龙套"—— 他要厘清每一方的需求、方案，并制定一套游戏规则。

## 大数据领域的证交所

1980 年,美国著名未来学家阿尔文·托夫勒在其著作《第三次浪潮》中将"大数据"称颂为"第三次浪潮的华彩乐章";而在近 30 年后的 2009 年,这个名词才成为互联网技术领域的热门词汇。其后,著名管理咨询公司麦肯锡根据各种网络平台记录的个人海量信息产生的潜在商业价值,于 2011 年发布了"大数据"报告,对其影响、关键技术和应用领域等进行了详尽的分析。这一报告得到金融界的高度重视,而后逐渐受到各行业关注。

如果说"大数据"的应用是一辆辆驰骋的汽车,支撑这些汽车运行的高速轨道就是云计算。最著名的实例当属谷歌搜索引擎。2006 年,谷歌推出了"Google 101 计划",正式提出"云"概念和理论。随后亚马逊、微软、惠普、雅虎、英特尔、IBM 等公司都宣布了自己的云计划。

得益于谷歌的工作经历,汤奇峰在 2010 年就开始接触到大数据研究。如果说,其建立的 UMA 是基于垂直领域的数据收集和交换,随着中国整个大数据市场的发展,2014 年,他又有了另一个算盘——建立 BDU(Big Data Union 中国企业大数据联盟)。

在大数据领域,垂直行业的数据非常宝贵,但它的覆盖面有限。既然认定了大数据是未来确定的一个万亿级市场,那么基于数据本身的价值,就可以达成交易,有交易就需要市场。现实生活中,人们都不希望到好几个市场买菜买鱼买肉,而是希望一个市场可以解决所有采购问题。数据市场也是一样。"既然这个逻辑成立,那我们就要建立一个交易市场,帮助客户挖掘数据价值,让所有数据交易都在这里完成。"汤奇峰说。

在中国互联网发展前几年,汤奇峰的用户——垂直类网站并没有深刻体会到数据的价值。"粗放经营,拿笔钱进来砸,为的是把流量砸起来。"但在移动互联网发展中,这件事却发生了微妙的变化。移动互联网中有些应用流量不算太大,可能只有十万个用户,却可以盈利,原因是转化率非常高。"也就是说,在移动互联网里面,长尾理论不完全存在。"汤奇峰认为,移动互联网的转化是直接且高效的,这就促使商业用户开始对数据价值进行分析,一旦这个活动开始,就变成了对受众的理解。"对行为个体要琢磨,用户为什么买我的东西,他可以贡献多少销售额。这时仅有垂直领域的数据还不够,他们需要更广泛的数据。"比如,一个人的行为包括在金融、航空、旅行、水电煤各个领域,甚至包括线下生活。BDU 就是这样一个拥有大量数据的结合体。2014 年 11 月,由携程、易车、中国电信、东方航空、中国航信等八家公司发起的这个联盟,现在已有 50 家企业成为第一批成员。"我们的梦想是,有一天你在中国不仅可以看到股票交易市场、期货交易市场,还会有数据交易市场,这时数据的价值才能够真正地发挥出来。"

从 UMA 到 BDU,意味着数据在深度和广度两个维度上的延伸。过去垂直领域数据的采集主要体现在深度上,以汽车行业为例,信息包括车系、用途、价位等各个方面。"就像牛肉我会跟你讲,这个是西冷,这个是菲力,这个是肋眼,我们做的就是不断研究标准,让供需双方达成一致。在这里标准就是加工数据的方法,你接受了标准就要接受我的加工方法。"从广度上来讲,则要覆盖更多的人,比如选择与运营商合作。"但这都不是我们最后的目标,因为单一公司不可能同时提供广度和深度,所以最后我要形成市场,把这个事情做成循环。"

既然要建立一个像证交所那样的市场,除了供需双方,市场还需要管理者以及监管者。作为收取交易佣金的管理者,汤奇峰认识到,大数据运营中会遇到各种法律风险,比如隐私泄露就是用户普遍诟病的问题,以及交易的加密性如何实现。他开始积极和政府打交道,引入监管机制。很快,汤奇峰将扮演一个新角色——国内将起草大数据隐私保护的行业标准,政府希望他成为起草小组组长。

"我们会在线上建立数据交易平台 China DEP,并在未来形成一个有型的交易市场,就像股票交易市场一样,能够实时看到交易数据,那将非常令人激动。"

这也是做市场出身的汤奇峰的逻辑:当然要用技术解决问题,但是商业模式的思考更重要。"我们在战略思考上很清晰,只讲一件事,我在其中扮演什么样的角色。"

在汤奇峰看来,未来的大数据将会形成万亿级别市场;而中国在 2020 年可能达到百亿规模。但如果等到 2020 年,需要的投资金额非常大,所以现在依赖于数据交易市场,先做广告的产品变现出来,大概到 2016 年,就能达到 15 亿至 20 亿的规模,这足够使他的公司成为一个上市公司的体量。汤奇峰还预计,中国未来数据市场会以地域为划分,并呈现出行业特性。

## 谷歌帮"天线很丰富"

和其他一些谷歌技术派说话谨慎、喜欢讲技术名词不同的是,汤奇峰喜欢探究模式,也颇具沟通技巧。比如,在和笔者讲起他的创业时,他反复强调他的优势是"商业模式创新";而在时隔一年的两次采访中,他都坚持走出办公室,和笔者边喝茶边聊天,并询问他能否帮上"我"的什么忙。现今,也正因为汤奇峰这样的性格,他成了 UMA、BDU 这样跨行业组织的负责人。王怀南评价说:"汤奇峰是个互联网人,他是偏技术流的市场和销售,所以他的角度永远在和技术相关的同时也和销售与商业模式相关。"汤奇峰认为这跟他在谷歌的经历不无关系。"如果说谷歌给我们贴上什么标签,我想应该有开放、合作、快乐,这和其他公司的'派系'不同。每个人都很全球化地思考问题,大家在外面的'天线'也很丰富。"

2014 年,晶赞科技在半年之内完成了 B 轮、C 轮融资,公司的价值翻了一番。"我们总体的计划是准备 2016 年上市。"说到这里,汤奇峰露出商人那样从容自信的笑容。

正如最初的设计,汤奇峰认为晶赞继承了谷歌的基因。它是一家技术驱动的公司,80%的员工隶属于研发团队,35%以上的员工是硕士及博士。晶赞也几乎云集了最多的 xGoogler——十几位昔日的谷歌工程师加入团队。

汤奇峰还力邀梁信屏加入公司。梁信屏在美国斯坦福大学获得博士学位,2005 年至 2011 年年底曾领导谷歌亚太产品战略和研发团队,负责管理谷歌展示广告和 DoubleClick 公司的广告平台。离开谷歌后,他赴百度履职,又参与了百度投资的力美,任 CTO(首席技术官)。汤奇峰形容梁信屏:"他遇到难题时常会反向思考,所以困难就会迎刃而解。"

此外,汤奇峰也还有外部"谷歌智囊团"。郭去疾、王怀南等都是 UMA 成员;周韶宁作为他的老领导,也经常与其沟通。

前云云网创始人刘骏是汤奇峰重要的技术"军师"。刘骏曾担任谷歌中国工程研究院副院长兼全球工程技术总监。早年在谷歌工作时,负责销售的汤奇峰与刘骏就曾有合作,刘骏分享研发经验,汤奇峰则分析用户数据。谷歌退出中国后,刘骏一度成立云云搜索(后被新浪收购),但两人仍保持密切的联系。"谷歌人愿意啃硬骨头,遇到困难会选择往上冲。创业前期可能积累很久,但后劲非常足。我希望你四五年之后再看,这样可能更有意思。"刘骏告诉笔者。

"其实我们谷歌出来的这些人,都是受到几个创始人影响的。他们总是去想一些别人不敢想的大问题:比如每年车祸死掉的人不亚于一次世界大战,这件事能不能解决掉它?谷歌投了 10 亿美元给太空项目,说人的太空旅行能不能像我们坐车一样?这些就是一般人不敢想的问题,但他们想得也很精妙,我们都是被这些激励的。"汤奇峰还想到周韶宁,早在几年前,他就花重金买下"四通一达"的圆通证照,希望用互联网改变物流业。"在这点上我非常认同我们身上的谷歌标记,你永远不会泯灭的一个想法是,去想一些大问题,并且提出解决方案。"

汤奇峰仍记得创业初他对员工说的豪言壮语——"我要做一个伟大的公司。""当时很多人就想,我来就是拿一份钱,伟大的公司和我有什么关系?"但汤奇峰认为,公司要去解决的是用户问题,以及未来将要发生的问题。正如王怀南所言:"谷歌人遇到事情有个特点,他们会极其兴奋,因为他们觉得这个点跨越过去,这座山就被你踏平了。"

"如果用一句话概括,谷歌人是一批最体现互联网精神的人。"

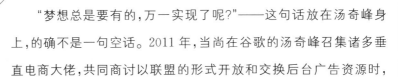

　　"梦想总是要有的,万一实现了呢?"——这句话放在汤奇峰身上,的确不是一句空话。2011 年,当尚在谷歌的汤奇峰召集诸多垂直电商大佬,共同商讨以联盟的形式开放和交换后台广告资源时,他们诸位或许没有意识到,在后面几年时间里,汤奇峰将这个圈子建成平台,从 UMA(中国互联网优质受众联盟)到 BDU(中国企业大数据联盟),并将建立 DEP(中国数据交易市场)。汤奇峰正把自己的梦想逐步变为现实。

　　作为 xGoogler 的一员,销售出身的汤奇峰并不是传统意义上的工程师。然而他嗅觉敏锐、善于交际,这让其在创业大军中形成自己独有的风格:第一,他非常了解自己的优势,切入 B2B 领域,通过对大数据的掌握和理解率先将企业数据标准化、努力成为"规则制定者";第二,他善于利用资源和人脉,这在以技术为主导的互联网圈中独树一帜;第三,坚持商业模式创新,最直接的出发点是解决客户的痛点,并最终推动整个行业进步。

　　汤奇峰曾在一次会议上遇到周鸿祎,后者对其商业模式提出了一些质疑。但是乐观的汤奇峰说:"你曾经说当大佬们对一件事不看好的时候,这件事情往往是可以成功的。"结果周鸿祎看看汤,站起来拍拍屁股走人了。不畏质疑,也是汤奇峰的前行之道。

附 ▸▸▸▸▸▸▸▸▸▸▸

# 汤奇峰的创业思考

（根据采访内容整理）

## 关于 B2B 和大数据

雷军讲过一句非常重要的话，他说创业失败是必然的，成功是偶然的。我觉得这句话应该有一个前提：你的创业是在什么领域里？如果你是在 C（消费者）的领域里，成功可能是偶然的，因为对消费者的洞悉和把握是不断变化的，很多资源并不完全在你手上。但是做 B（商业）的业务不一样，如果你想清楚到底能解决什么问题，找准商业模式，你的公司就一直存在。比如在中国做供应链金融，你去区分哪些是优质的供应商，为他们提供金融、证券化这件事情。这个模式就是清晰的。

做 B 业务的人，最关键的是一定要有下游，只有这样才有价值，否则你只是一个功能的闪光点。在数据市场，下游是什么？在我们看来，在整个用户领域里有三个部分完全是它的下游。第一，企业需要洞悉自己的用户，比如说宝洁要了解是谁在使用海飞丝产品，过去这种调研靠的是街头采访、问卷调查，过程过于漫长，但在大数据时代，用户变化非常快，我们就要换一种方式。第二，在移动互联网、拇指经济时代，用户不希望通过层层搜索导航寻找自己的信息，他想用拇指滑动就找到想要的信息，所以你给他的内容要贴得非常紧，因此推荐非常关键，这就是对用户数据的掌控。第三，每一个企业都希望有更多的新客户，这些新客户主要由数据供应的下游所产生，而且这个下游本身在某些行业里发挥的功能会更大，比如互联网金融、征信。互联网金融的核心是错配（即非互补的情况），就是说，金融的核心是理财，是对有钱的人；需要借款的是负债的人，往往是小商户，因此需要特别低的成本去获得征信信息。医疗里面的大数据也会更加精彩。所以,数据延伸的下游有很多。

## 商业模式创新

现在大家谈到数据,有个误区是认为应该让别人把数据给我。这就相当于说你有一百万财产,我说你把你的财产给我,没有人愿意。数据是每个公司的核心资产,所以我们做的模式不是让人的数据给到我,而是搭建一个平台,让你的数据在平台上能够体现出交易的价值。本身我并不保存你的数据,而是为供需双方搭一座桥。举个例子,人身保险这件事,和车的使用级别有很大关系,你的车越来越豪华,对自己的保险的计划就会越来越周全。再比如房子在什么小区,和旅行计划也非常关联,所以当你把这些数据在平台上进行互惠交易的时候,产生的价值自然会体现出来。这就是一个撮合的平台。没有这个市场,供需双方很难对话。

这件事情比较难的地方是,现在双方都没有意识。所以我们得帮需方整理它的需求是什么,再了解供方有什么,并在一个法律框架下进行这个交易。滚雪球的核心是,你一旦获得了起始的优势,雪球就会越滚越大,优势会越来越明显。所以前期我们要做很多工作,既当爹又当娘,还要当保姆。逐渐大家分工产生了,我们就可以扮演好自己的角色。

看这几年的发展,我们非常幸运地站在时代洪流中,首先大数据本身在发展,提供的机会很多。其次,客户也进入了这个主流领域,他们开始觉醒,从粗线条的经营到开始对用户的经营,因为人是每个企业的核心资源。最后,技术本身也在发展。你能早一点看到这个行业,你的成功可能性就更大,你不会输。

## 在巨头笼罩下生存

从生态角度讲,阿里是一个购买生态,还有很多人其他方面的信息并不能直接获得,需要通过后台的行为分析才可能得出结论。所以从数据多样性维度角度来讲,大企业也只占到维度的一部分,也需要补充和获得,所以这个行业并不是大者通吃。

我们做 UMA 时就有一个感受,每个客户在数据合作上都有自己的方向和方式。虽然今天阿里巴巴获得了大量数据,但是恐怕很多客户并不愿意与他们合作,因为体量太大容易给别人造成一些影响。再比如说运营商和腾讯之间,也会非常抵触。所以我们想走一个独立第三方道路,不依赖于任何人,而是通过某种方式把他们联系起来。现在我们看到淘宝思路很清晰,就是做数据搜集和积累;腾讯关于微信的广告也开始了,都在着手数据的积累。他们随便做一个事情就是百亿规模的收益。好的方面是,从长远角度来看中国不会只有几家公司存在。我们的方式是从数据供应商的角度出发,打造这个数据交易市场。

当然阿里开放还是会对我们产生非常大的影响。最主要的问题是给我留下的时间空间有多少? 它晚一点开放就给我多留一点时间,我的发展就会更快一点。它一旦开放,我们平行向用户提供资源,这时竞争就会更激烈。但我们不是没有进一步思考。现在我们让企业进来提供数据,但更长远的思考是我们认为企业并不是数据的拥有方,个人才是数据的拥有方,我们能不能让个人在数据上获得它的财富? 比如说,你身上的很多行为,当你愿意"出售"的时候,有没有一个对象呢? 如何在用户隐私能得到足够保护的前提下,我不想给你的数据就不给你,但我想给你的都是我愿意公开的,而且我公开数据有一个对价,比如晒单,在一个账号体系里面,我们就可以和个人完成数据交易。如果能在这一步基础上更进一步的话,真是令人激动,当然也需要更久的耐力。

2015 年我们希望有 200 家企业成为数据供应方;需方的话,可能维持在较小的比例,比如四五十家,维持市场有序地运作,从 2016 年开始逐步扩大,到 2020 年的时候,就可以完全开放,有任何人需要的数据都可以来这里。

在美国,像百度、腾讯这样的公司对应的是 Google、Facebook,它们本身就是一个很大的数据供应商,它们是为了维持一个数据供应体系做这些工作,所以美国的生态要比中国发达很多。中国恰恰相反,阿里只对内部供应,腾讯则更加难了。

## 做一家伟大的公司

Google 出来的人都想做一家伟大的公司,每个人都是这样想的,我觉得一个伟大的公司有几个很重要的衡量指标。第一,它对这个行业和生态是不是真的起到改良或者改善的作用,比如互联网金融,打造出了一个新的生态,就会改变过去的格局。如果今天我们只是做一个广告,那么很难成为一家伟大的公司,因为对整个行业和生态,没有发生根本的改变,所以我在想数据本身所带来的改变的可能性。如果我们去创造一个新的生态出来,将会对行业的改变非常大,可以 change the world (改变世界)。

第二,你能不能培养出一批有信仰的人。就像在马车时代没人相信汽车会改变什么,没人相信蒸汽时代会发生怎么样的改变,还有第一个做出个人电脑、桌面系统的人也设法让别人相信它们的巨大作用。所以你要把你的理念传播给一些人,开启他的心志,让他很坚决地认为这就是未来。我在公司内部经常讲,我从来不担心公司同事离开,我觉得公司一个非常重要的作用就是开枝散叶,让更多的人出去创业,让他们有机会在这个领域里做更加细分的部分,使行业发展得更快。还有些人总盼着竞争对手倒下,我觉得不是这样的,一个行业要发展,需要更多人在里面,这是一家伟大公司非常重要的部分。

第三,比较显性的指标是你是否真的能解决客户的痛苦,包括你能不能把别人不敢想的问题提出来,你能不能提出具象化的问题,你能不能解决这些问题。如果这些你都能做得到,一家伟大的公司就已具雏形。

010100100111
11000110
01101010010
01001
0001101010010001010
010010101010101
0100100110001
01000100
01001
010

第 **4** 章

## "Work hard，Play hard"

你要确保所雇用的员工喜欢在此工作，他们喜欢
创造，他们在这里的初衷并非为了钱。

——谢尔盖·布林

# 田行智的社交情结

## 在谷歌的美好时光

在谷歌,田行智度过了一段最美好的时光。因为他在这里邂逅了同为谷歌员工的妻子吴宇欣——起初,在谷歌人的聚会上,她向田行智打趣称自己是导演吴宇森的妹妹。

田行智出生于四川,11 岁赴美并在纽约长大,在麻省理工学院获得计算机学士和硕士学位。1998 年,他就加入硅谷一家研发基于浏览器的 CRM 企业软件创业公司;2000 年年初公司被收购后,他来到中国,和朋友创办了最早的社区及音乐社交网站 Q 点网(www. qzone. com)。然而,随着互联网泡沫的破灭,Q 点网因没有掌握良性的商业模式而宣布关闭。学技术出身的田行智发现,自己在商务领域并不擅长。当时,有朋友建议他回学校读商学院,但是田行智说自己"特别不喜欢考试，又不想花钱，还不如去一家咨询公司，他们还付我钱"。于是，有着优秀履历的他顺利地加入波士顿咨询。

在咨询公司主导 IT 战略和移动项目的田行智积累了不少商务经验，然而，咨询公司的特点是为客户解决问题，却并不能主宰企业自身的战略和命运。两年后的 2005 年，田行智想要再次创业，而当时的谷歌刚刚进入中国，也正想将移动作为发力重点，他被选中并被说服到公司里进行创业，于是加入了谷歌负责与移动相关的业务。

2005 年 10 月，田行智再次回到中国。这时的北京，已和几年前自己创业 Q 点网时有了很大变化，中关村高楼林立，一些 IT 互联网公司如新浪、搜狐等对大学毕业生的吸引力已超过了传统行业。而刚刚进入中国的谷歌，似乎对这里的一切还有些陌生。他们的第一个办公室并非后来位于海淀区五道口的谷歌大厦，而是设立在外资公司最多的北京朝阳区新华保险大厦。这个临时办公室只有四五个房间，员工也不过二十几人。那年夏天，宓群和几个同事从美国来到中国作为初始团队创业，其中就包括田行智的太太吴宇欣，负责广告业务。在田行智加入前的一周，李开复结束了微软的解禁期，也正式加入谷歌。

田行智形容，当时的谷歌像是一家创业公司，一切都是从零开始。甚至活跃在互联网上的用户，也对如何使用谷歌有点摸不到头脑。比如，听说这是一个搜索引擎，有人就到谷歌的页面搜索"Google"；还有很多人打开页面却不点击——过于简洁的设计使得很多网民误以为网页还没开发完；一度，国内流行导航上网，谷歌不得不放弃简洁的用户界面，转而推出导航类产品。现在很多看似"可笑"的事情，在当时，正是一家创新公司在新市场拓荒的真实写照。

Google 的中文译名也是在这个办公室诞生的。当时谷歌同事和广告公司奥美一起设计了几十种方案，最终投票选择了"谷歌"。这个译名曾引起争议，这让田行智感慨"起名字千万不要投票，因为最后的得票很平均，往往选出来并不是最满意的那个"。不过，人们还是逐渐接受并记住了这个名字。

谷歌进入中国的前两年，完全是市场开拓性的工作，田行智则主要负责与移动相关的业务，和运营商、手机厂商如诺基亚、摩托罗拉等公司谈合作。当时国内公司和用户对谷歌充满了好奇和憧憬，这让田行智颇感得意；经过长时间谈判，2006 年年底谷歌与中国移动签订了移动搜索上的战略合作，尽管这一业务在 2010 年被新华网取代，但在当时这一纸协议意味着，一家全球互联网公司与中国本土企业在商业模式探索上迈出了重要一步。

而在公司内部，这家因有着优越办公环境和自由氛围而在全球闻名的公司也吸引了当时最优秀的年轻人加入。第一批谷歌员工大多有国外留学或跨文化背景，而且都是不到 30 岁的年纪，大家很快打成一片，成为好朋友。

谷歌有很多工作之外的娱乐活动，田行智一直是最活跃的一个。在厨艺比赛中，他是酷爱美食的评委；在服装秀中，田行智和 12 个女生一起走秀。他的业余爱好也十分广泛。比如，他曾拜台湾大师为师学习了两年紫微斗术，并用理科的思维分析它。在麻省理工学院时，他还学会了跆拳道，平时教同事一些基本招数。当然，田行智认为最有价值的爱好还是跳舞。他经常拉同事去跳，也是在和吴宇欣跳舞时两人拉近了距离。所以他经常告诉"宅男"朋友："要找到好女孩，一定要学跳舞。"田行智虽然中文不错，但在国外长大的他更多的是用美国式的思维来思考。按他的话说："你的人生一定要 high（精彩）起来，不然为什么要这么辛苦地工作？"

为了让美国总部更深入地了解中国文化，当时的谷歌中国员工编排了一系列反映各个朝代的小品，用以展示中国历史。当时田行智和吴宇欣还没有开始约会。吴宇欣出演慈禧太后，田行智扮忠臣，她砍了他的头。最后一场戏是展示现代人的生活，两人扮演一对新婚夫妇。"后来我们俩真结婚的时候都对大家说，其实我们是结第二次婚了。这就是缘分。"田行智说。

2008 年汶川发生地震,出生在四川的田行智希望做点什么。当时他已离开谷歌,但还是提议和谷歌同事一起建立寻人平台。很快,谷歌调集了一些产品工程师完成了这个计划。这段经历仍让他记忆犹新。2010 年谷歌宣布退出中国,田行智感到非常难过。"我们一手建起了它,但一句话,就毁了。"为了纪念这段特殊时光,他和前同事们借酒浇愁。此后,他也会偶尔溜到谷歌蹭饭,顺便看看曾经的工位。

## 组建谷歌帮

2007 年前后,谷歌中国经历两年成长,已经发展成一家数百人的大公司。而把安卓引进中国的田行智认为自己已经完成了使命,骨子里天生有着极强创业激情的他就想再一次创业。他离开了谷歌。

事实上,还在谷歌时,田行智就常常组织同事们聚会。随着离职者增多,田行智也离开了,这样的组织变成了 xGoogler China。

田行智担任这样一个角色并不意外。他曾经建立麻省理工学院的中国同学会,去波士顿咨询公司后又在那里建立了圈子。因此,爱好广泛又善于交际的他很容易成为组织发起人。

起初,这个圈子只有二三十人。李开复、周韶宁、宓群等都在其中。后来不断有新面孔加入,有些甚至是在田行智离开之后才加入谷歌的。到了 2015 年,这个组织已经扩大到 300 多人。因为爱好美食,田行智经常负责选择聚会场所。从最早的 2009 年起,这个聚会每个季度都会进行一次,如今每次已是五六十人的规模。这些聚会通常都由宓群、李开复这些投资界的 xGoogler 买单。"我们这些人里创业的很多,他们也乐意买单,还能发展业务。"田行智说。

在这样的聚会上,大家彼此聊起最新的进展。随着创业的人越来越多,气氛也越来越活跃。"谷歌人喜欢做一些与众不同的事情，不是拷贝别人的想法赚钱，淘一桶金就走掉，而是喜欢挑战一些有难度的东西。"田行智还记得周韶宁离开谷歌时说："我要成为中国的 FedEx。""我们当时觉得这好累啊，物流背后的系统非常复杂，但是他说我就是要做，而且现在真的做起来了。"而田行智当时要做社交，希望在中国和国际上都有所创新，这家公司后来被 Zynga 收购。

不过，在这样的聚会上，大家喝酒聊天，话题更多的是天马行空。"工作上参加的会议够多了，大家在一起就是单纯的放松。"田行智说。在他眼中，xGoogler 是藏龙卧虎的一群人。"沈思的单板滑雪玩得非常好，韩雪豪在品酒上很有一套，李文飙是高尔夫高手。我就只会跳跳舞、去去派对。"

## 社交创业情结

在宓群眼里，"Andy(田行智)是一个非常 Social(具有社交属性)的人"。而田行智则说："创业一定要做自己喜欢的东西，也一定要做自己有特殊经验的东西。"事实上，已经经历四次创业的他，每一次都与自己的兴趣与经验有着密切关联。

2000 年，田行智第二次创业的互联网公司 Q 点网，就是一家音乐社交类网站。其中有很多今天 SNS(社会性网络服务)的雏形，包括当时推出的"粉丝圈"概念，以及让用户围绕自己喜欢的歌手和乐队相互认识、成为朋友、一起互动，用今天的话来说正是社交。当时 Q 点网每周举办一场 200 人左右的小型歌迷会，在线上售票，并播放歌迷会视频，吸引了大量点击率，一度进入中国垂直类网站的前五名。

2007 年，田行智离开谷歌，创办游戏公司希佩德。当时他就渴望做一家真正的基于手机的社交游戏公司。但当时中国还是 WAP 的天下，智能手机方兴未艾,iOS 和安卓也不为人知,所以想做基于智能手机的虚拟道具系统游戏为时尚早。同时,Facebook 上的平台刚刚开放,上面的 Web 社交游戏正在爆发。两个月后,他们毫无悬念地转向了 Web,成为中国第一家在国际平台上的社交游戏开发者。希佩德则在 2010 年被 Zynga 收购,田行智成为 Zynga 中国总经理。

2013 年,在 Zynga 中国快到三年时田行智心里又有了些想法。一方面,基于此前在谷歌的移动情结,他看到中国移动互联网市场已经成熟,催生了很多新的创业模式,存在大量机会。第二,田行智一直以来的社交情结都没有改变,他希望这次可以做出一家 50 亿美元的大公司。第三,他也有靠谱的合作伙伴:欧阳云曾和他在 2000 年一起创办 Q 点网,后来两人又在美国波士顿咨询共事;之后,田行智去了谷歌和 Zynga,欧阳云则进入国内最大的互联网公司腾讯。基于过去的种种经验,两人最后锁定的目标正是"移动＋社交"。

2013 年 8 月,田行智和欧阳云正式踏上新征程,创办云智联网络科技有限公司(产品碰碰),并把英文名定为 Asia Innovations (亚洲创新)。"起这个名字,就是因为我们想证明中国创新可以在全世界领先,并且比硅谷要好。这一点我坚信。"对田行智来说,已经经历数次创业,比赚钱更重要的是实现自己的理想。

田行智认为,中美互联网创业市场的确有诸多不同。美国的优势是创业体系相对完善,基础设施比中国好;更重视知识产权,不会轻易抄袭;资金、人才也很充足。但是,现在中国已经超越美国成为第一经济大国,各方面都极具潜力,最主要的一点优势是硅谷所不具备的——那就是真正接触到用户。

如今的硅谷已经被 IT、互联网创业企业"攻占"。硅谷的平均工资水平远高于美国其他地方,这也导致很多普通人在硅谷很难生存。"硅谷越来越像是一个象牙塔、实验室,它很难再去接触真正的普通的大众用户,越来越脱离市场。"所以从这个角度看,硅谷更适合大数据、大技术,深度面向商用的企业发展。这也是为什么近几年来,创新公司,特别是移动上的创新公司不在硅谷,比如 Snapchat、Whisper 等,都在洛杉矶或其他地区。"但是在中国,在北京,你出门就可以接触用户。这点对于做一个面向消费者的产品来说特别重要。"

## 社交是年轻人的天下

"当你去钓鱼的时候,你可以选择快速钓很多小鱼,也可以专心钓一条大鱼。"这是电影《社交网络》中,Facebook 创始人肖恩·帕克(Sean Parker)和马克·扎克伯格(Mark Zuckerberg)第一次见面时说的话。虽然社交应用经历了前几年的遍地开花,目前看似进入巨头统治的红海,但对于十几年前就涉足互联网社交的田行智来说,即使市场上冒出再多的职位社交、严肃交友、婚恋、秀场等新社交形式,试图突破学生群体,社交也永远是年轻人的天下,增长最快、最具影响力、价值最高的仍然是关注年轻人的社交平台——这就是社交海洋的大鱼。

如果回顾从 2000 年至今的 15 年互联网社交历史,不难发现里面大有规律可循:无论是美国曾经最大的社交平台 MySpace、韩国的 Cyworld、中国的 QQ 空间,还是后来的 Facebook,所有大型社交平台无一例外地起步于年轻人,即当时的"90 后"。虽然有人试图从更高年龄层级切入社交市场,比如从白领起家的开心网,但开始时风起云涌,两三年后便黯然落幕,因为白领的社交需求不够强烈,对专有社交平台的黏性就不够。

另一方面,人们在踏入社会前后的社交需求也完全不同,22~24 岁是一个巨大分水岭。跨入社会前,和同龄人的社交是平等、开放的,没有过多"不良影响"。但踏入社会后,人生观发生变化,生活的优先级发生巨变,社交诉求就发生了质变。当一个社交网络全民化时,便意味着各年龄层都会加入其中,尤其是老一辈的参与,让年轻人想要逃离原本依赖的平台。"这个现象在目前没有解药。任何一个社交平台不可能因为一部分年轻用户的逃离而放弃新的、年龄更大的用户,因为后者会带来更多的收入。所以,主流平台年轻人的流失不可避免。"然而,这也正是颠覆现有社交平台的机会。

那么,一个适合年轻人的全新的社交平台应该如何打造?田行智认为,一方面是深入年轻人的生活,了解他们的喜好,永远不要过时;另一方面,则是找到每个时代年轻人的共性。比如,十七八岁的年轻人都处在寻找自己、有点叛逆、喜欢接触新事物的阶段,他们想要认识新朋友,注重个人兴趣,讨厌千篇一律,甚至有点"脑残",喜欢"互相黑","这些在每个年代都一样,所以掌握规律和机制就可以。"在设计游戏方面,田行智将过去在 WAP、QQ 空间、Facebook 上火的小游戏,结合当下热点在内容上做出创新。"如果你只做现在流行的东西,就很可能昙花一现,犯很多方向性的错误;如果只做以前的东西,不将潮流和内容相结合就会被淘汰。所以关键点是如何把历史和热点结合起来。"

Zynga 在全球败走麦城的经历也带给田行智启发:这就是社交的重要性要高于游戏的原因。例如,两个人打德州扑克,打了三个小时,但彼此都不了解,关系并没有拉近,并非真正的社交(游戏);但如果玩性格测试、真心话大冒险,可能十几分钟就增进了彼此的了解,用户之间的联系才建立起来(这一点沈思在做木瓜农场时也深有体会,某一爆款游戏可能在短时间内积累大量用户,却没法持续吸引用户)。"如果你是纯内容提供商永远有风险,因为长不大,到最后赢家总是平台和内容通吃的那一家。"意识到这一点,田行智希望这一次既做平台,又做内容,完成整个链条。"这是比较大的工程,所以你必须有资金和经验,并且沉得住气。"

田行智认为,移动社交才刚开始,正如 2000 年时的电商。几乎每个社交平台都会经历一个起伏,这个领域还没有终结者:当年 MySpace 流量做到 Google 的一半,所有人都认为以后不会再有更大的移动社交平台;而 Facebook 诞生后,人们也认为不可超越,但 Snapchat 还是异军突起。在中国,虽然背靠腾讯,微信拥有数亿用户,但陌陌成为本土独立成长的第一个在全球上市的社交产品公司，市值达到 20 亿美元。"移动社交的特点是不断被更新，年轻人过三四年就会换，以此来推动整个行业的更新。"

田行智希望做一家伟大的公司，本身背靠一个巨大的市场。2012 年，当 Facebook 以 10 亿美元收购手机照片社交分享应用 Instagram 时，已经震惊业界，而到 2014 年年底，Instagram 的估值已经达到 350 亿美元，是收购价的 35 倍；2013 年年底，"阅后即焚"应用 Snapchat 创始人拒绝了 Facebook 30 亿美元天价的收购；2014 年年初，即时通信工具 WhatsApp 被 Facebook 以 190 亿美元收购。"现在如果别人说，移动社交不大，那我问你，190 亿美元够不够大？而且这只是被收购，还没到上市阶段，未来移动社交肯定是可以上两百亿、三百亿的公司，这是移动行业最大的机会。"

田行智有这个信心，还源于他认为自己的公司可以成为一个真正的跨国移动社交平台。"很简单，我本身就是跨文化的。我 11 岁去美国，在那里长大，对美国的文化更了解一些，同时又在中国创业多年。如果没有这样的经历，你可以去雇海外员工，但如果自己不了解国际文化，就很难做出国际产品。同时，我的合伙人欧阳是腾讯负责移动产品战略的，市场上应该没有任何一个团队有这样中西合璧的社交经验。"

## 谷歌教训

2005 年年底，田行智曾与安卓操作系统开发者安迪·鲁宾共事，并成为谷歌早期负责全球移动业务的四名主力之一，将安卓带入中国，见证它成长壮大。然而，在让田行智获得全球化视野的同时，谷歌也带给了他一些警示。

2006 年，谷歌内部对于是否开放安卓源代码发生了激烈的争执。田行智当时作为谷歌中国移动战略和业务负责人，和欧、美、日的一线业务同事们强烈反对开放源代码，因为他们知道一旦开放就会有失控的风险。但是安迪·鲁宾和理想化的拉里·佩奇、谢尔盖·布林执意要开放。"现在谷歌因为这个至少丧失了 100 亿美元的估值，也失去了中国市场。这就是为什么安迪·鲁宾后来被挤出谷歌的原因，他是一个发明者和颠覆者，但并不是一个经营者。"

这也在某种程度上反映谷歌创始人的理想主义情结在作怪，往往是他们两个人的决定改变整个市场。安卓的开放的确带来了市场的繁荣，但也使市场混乱无序、恶性竞争的状况一直存在，诸多厂商都在抢山头，谷歌的利益也受到挟持，对用户和开发者来说不是一件好事。"谷歌想打破规则——但我觉得有时候规则不应该被打破，因为每个人都有自己的利益。"

另一个问题是本地化运营，不少美国公司并不喜欢本地化运营，在他们的理念中运营的人数越少越好，最好由"机器"来完成最好。但这在人数众多的亚洲不一样，在这里运营是重要的一块蛋糕。"美国人总是认为，所有的事情都应该用美国人的东西，因为这才是最好的，这种'傲气'，实际上让谷歌失去了很大市场，这个错误我们是肯定不会犯的。"

当然，谷歌也在改变。比如今天的谷歌眼镜，谷歌就已不再开放系统资源，而是完全由自己控制。而这也是一直在创业路上的拉里·佩奇们的思考。

田行智已经经历了四次创业，他的心态是"越发觉得创业过程好玩"。这个好玩在某种意义上也意味着和自己的对赌：每一次创业都是一个挑战，每一次的目标会更大一些。而当下田行智最大的挑战，是如何去兼顾和平衡，比如 50 亿美元的远大目标和阶段性成果，产品和平台，国内和海外。

在他眼里，中国移动市场甚至还在野蛮的拓荒时代——网络基础设施并不完善：3G 网络尚未普及、上网费用昂贵……但可做的东西太多，移动可以真正改变人们的生活方式，比如 O2O 的上门服务、社交、医疗健康……"移动是一个杠杆，它可以撬动任何一个其他服务行业，所以移动不是一个单独的行业，是一个平台,任何行业与移动的结合都会有很大的机会。"

对创业者,田行智认为,最重要的是要去认清楚自己服务的市场,从自发的需求出发;同时也要知道,创业并不是在为自己做产品,不能只在意个人喜好而不考虑大众需求。另外,不要盲目服从权威。每个人有每个人的创业之路,所谓的技巧和所处的机遇、外在环境条件都不一样。更重要的是执行力和敢于试错。

田行智小时候曾梦想去读美术学院。他询问父亲的建议,父亲带他去了纽约一家画室,指着一副名为"饥饿中的画家"的油画问他,这位画家画得好吗?田行智说:好。父亲又问,你能比他画得更好吗?当时还在上高中的田行智想了想说:也许不能。父亲说,好,那你还是先去读麻省理工学院吧。如果你不喜欢,可以再退学学习美术。"这件事给我的启发是,世界这么大,凡事都是你创造的。但也是有依据的,不是空想出来的。"

TIPS

田行智是一个连续创业者,他曾经历过创业的失败,也在此过程中找到自己的生存逻辑。或许他的经验可以带给更多创业者启发。第一,创业一定要做自己喜欢,并有特殊经验的东西。这是他锁定"移动社交"的原因——一方面,他是中国最早的社交网站的创始人之一,见证了无数社交产品的兴衰,并总结出一套规律;另一方面,他也曾过早涉足移动游戏,但并不逢时,直到当下才迎来真正的爆发期。第二,找到规律,了解当下:如果只做现在流行的东西,很可能昙花一现;如果重复以前的东西,不将潮流和内容相结合就会被淘汰。所以关键是如何把历史和热点结合起来。第三,创业不能过于理想化,要懂得公司不是在为自己做产品,不能只在意个人的喜好而不考虑大众需求。第四,不要盲目服从权威。每个人有每个人的创业之路,所谓的技巧和所处的机遇、外在环境条件都不一样。更重要的是执行力和敢于试错。第五,关于对社交的理解。社交永远是年轻人的天下。22～24 岁是一个巨大分水岭,想要在社交领域钓到大鱼,就要抓住"90 后"团体(泛指十几至二十岁出头的年轻人)。

# 天才女生的创业梦

2015 年 1 月，在国内一档知名电视征婚交友节目五周年纪念日上，身着白色婚纱的沈思和他的先生金鹏一起登上舞台。还有人记得 4 年前出现在这档节目上的沈思，她身材高挑，笑起来脸上露出一对酒窝。她会在台上大方地展示自己的舞姿，也会时不时抛出几个犀利的问题。有人质疑她参加节目是为公司炒作，但沈思并不在意，她特立独行、思维敏锐，得到不少关注，而最瞩目的还是她的个人经历：美国斯坦福大学计算机和管理学双硕士学位，现任互联网创业公司木瓜移动 CEO。

2011 年年末，沈思在自己的微博上写道："今天是 2011 年的最后一天，去年的今天我给自己设立了四个目标：完成木瓜 B 轮融资，找到男朋友，去英国黑池参加国标比赛，完成一个全程马拉松。全部搞定，甚感欣慰。"这正是这位美女创业者工作生活的缩影，除了经营自己的事业，她爱好广泛：跑马拉松、跳交谊舞、爬山露营、冲浪滑板……就连她的婚礼，也是在南极举行。

她有着独特的人生信条："人要有独立的意志，不应该是别人告诉你应该这样，你就得这样，你要想清楚你要什么。"

## 成为"十分之一"

沈思的成长经历是令人艳羡的，这源于她很小就有了"未来之梦"。沈思是湖北荆州人，父亲做财务工作，母亲是一名律师，后来下海经商。1997 年，高中阶段连跳两级的 16 岁沈思以高考理科总分深圳市第一名的成绩考入清华大学计算机系。大学毕业后，她又顺利进入美国斯坦福大学，获得计算机和管理学双硕士学位。

受母亲下海经商的影响，沈思很小就从她身上学到事业心、冒险精神、魄力和执行能力。高中时，在读了《未来之路》后，她更视比尔·盖茨为偶像，立志未来要自己创业。

斯坦福大学毕业后的沈思，手上已经有不少创业计划。在一次与清华校友、北极光创始人邓锋沟通时，后者建议她先去找一份工作再去创业，特别是要去大公司做产品经理。沈思接受了他的建议，2004 年，她应聘了谷歌。

2004 年，梅丽莎·梅耶（Marissa Mayer）（现任雅虎 CEO）曾在谷歌创立"联席产品经理"（associate product manager program，简称 APM）项目。希望培养更多适应谷歌企业文化的管理人才，比如第一届中的布雷特·泰勒（Bret Taylor），后来就成为 Facebook 的 CTO 兼 Quip 创始人，Android 副总裁布莱恩·拉科夫斯基（Brian Rakowski）也出自此团队。这个职位面向优秀的应届毕业生招聘，甚至每年只有 10 个名额。幸运的是，沈思在选拔中脱颖而出，成为第三批 APM 成员之一。在前三批总共 30 个入选者中，她是唯一的中国人，其他均为美国人。

成为联席产品经理的优越之处在于可以获得到各种产品线轮岗的机会。进入谷歌第一年,沈思就进入 Google CJK(中国日本韩国),负责中日韩的核心搜索产品,她的导师正是宓群,在宓群回到中国开创本地市场后,她留在了山景城,继续主导搜索业务。

第二年,一直立誓创业的沈思看到与移动相关的互联网事业呈现出星星之火的态势,她主动申请转组移动产品。事实上,谷歌当时还没有收购安卓,移动组只有三个产品经理,主要业务是开发手机上的应用。沈思回忆道:"当时真的是特别特别早,我们就很支离破碎地在移动上做一些 application(应用),事实上那时候都没有 application 的概念,因为还没有 iPhone。"

沈思成为谷歌第一个移动广告(mobile advertising)产品经理,开始带领一支 20 人左右的团队,研发把谷歌关键词竞价广告"AdWords"转移到手机上面。随后,他们正式发布了全球的移动广告业务。

从那时起,沈思开始获得更多接触世界的机会,谷歌在瑞士、英国、日本、印度都有团队,她打电话联系全球业务,并跑去各个国家看市场。而沈思每天只睡四个小时,"平时都是拼命工作,周末就拼命地玩"。

## 移动,就是移动!

2007 年,或许算得上当今意义上的移动互联网元年。这一年,苹果发布具有跨时代意义的智能手机 iPhone,并打造了应用商店 App Store;谷歌收购安卓,希望开创一个全新的开源智能系统。

一次在日本看市场时,沈思和几个日本小孩聊天,只见他们每人至少拿出两部手机,都非常漂亮,孩子们对里面的娱乐功能非常着迷。沈思意识到,这正是一个变化巨大的市场。安卓联合创始人之一 Richard Miner Chris White 是沈思的好友，一次，在他们交流中，他告诉沈思，"This(Mobile) is going to come（移动要来了）！"沈思心里则有了更清晰的算盘。她相信在中国这个有着巨大人口基数的移动互联网市场上，一定会有更多机遇，她决定回国创业。

沈思的上司，后任领英副总裁迪普·尼沙尔(Deep Nishar)想要挽留她，他说："谷歌移动的产品在中国还没开展，你回国先在谷歌做一阵子，好好熟悉一下中国市场，帮我把一些事做出来。"于是，回到中国的沈思先参与建立了移动团队，并推出移动产品，一年后的 2008 年，她正式离开谷歌。

2008 年 3 月，她和清华师弟钱文杰创办的专注于移动社交的木瓜移动成立。年少时的创业梦想，沈思终于实现了——她以中国移动互联网第一批创业者的身份成为最早吃到"智能手机"螃蟹的人。

然而，成为先行者也必须比后来可以借鉴经验的创业者付出更大的代价。沈思在木瓜移动的创业，正是第一批在智能手机蓝海里冲浪的创业者的缩影。

2008 年，当看到 Facebook 成为互联网界的一颗新星，沈思意识到，社交开始成为一种全新的网络生活方式，它能更紧密地联结用户，从而开创各种可能。于是木瓜建立了社区，希望成为移动上的 Facebook。然而，产品面世后折腾了大半年，眼看公司资金就快要用完了，却很难获得早期用户。

2009 年夏天，坐在办公室最后一排的沈思，望着前面几个工程师，心情苦闷。她想，做一个社交产品出来没有人用，做了游戏还是没有人用，怎么办？这时候她突然发现，有个员工正在玩一个农场游戏，所有人都在上面偷菜并乐此不疲，沈思灵机一动，为什么不把它搬到 iPhone 上呢！很快，工程师们把农场概念移植到智能手机上，建立了 Papaya Farm。这个 iOS 上第一款社交游戏，很快火起来，到了当年九、十月，已经冲到 iOS 全球总榜前 10 名，每天都会增加十几万用户。不久，更是突破 100 万，公司也开始盈利。

然而，初尝成功的木瓜并没那么幸运，不久后的一天，这款产品突然被苹果应用商店下架了。沈思千方百计联系苹果公司,却怎么也找不到人;她干脆写信给乔布斯,而十几封信也都石沉大海。不甘心的沈思干脆买了张机票,直接杀到苹果公司。在楼下等了七个小时后,终于有产品经理肯见她,但他却只留给沈思一句话:"你很了不起,但我们也无能为力。"

不得已的沈思只好转战到安卓平台。不久,木瓜发布了第一款游戏 Papaya Fish,很快用户达到 400 万。此后,公司开始迅速成长,下半年在美国建立分公司,11 月发布了游戏引擎,并研发了十几款游戏。2010 年年底,木瓜社区注册用户已达 1000 万。

在互联网界,"用户为王"似乎是至理名言,因为拥有用户,才能了解他们的习惯,进行商业模式的探索和转化。然而,接下来的两年,获得了大批用户的木瓜,却遇到尴尬的局面——用户只是对一款游戏有兴趣,玩玩就走,并没有社交意愿,木瓜精心设计的社交场景他们并不买单。"如果用户没有黏性,你再让他去做什么,或者去变现都是不可能的。"沈思很苦恼:"我想做一个游戏社交平台,四年下来,最后却以失败告终。虽然做得好的时候,有上亿的用户,也融了很多钱,但在两年前的时候,我发现这个东西没有办法再做下去。"她不得不考虑公司转型。

当时的木瓜已有七八十人的规模,很多人都是内部培养出来的。沈思不舍得砍掉现有的所有产品线和员工,完全开始一个全新的项目;于是她用一个小团队,先开始尝试,再试图向大家证明,这个新模式是有前途的。"有很多人不信,有些人会质疑,有些人甚至离开。大家都很伤心,毕竟做了很多年,压力很大。"那个时候的沈思,甚至一个月的时间,每晚都在辗转反侧。

2012 年,智能手机安卓市场日益成熟,对很多开发者来说,通过交换流量,获得广告收入已成为被验证的盈利模式。在谷歌时就从事移动广告产品的沈思,认为自己必须抓住这个机会。她看到国内大批移动互联网公司想要出海宣传自己的产品,却苦于在海外人生地不熟。这时,早期在谷歌从事移动广告走过半个地球的沈思,找到了自己的用武之地。不久,一个打通国内外移动广告流量的平台 App Flood 诞生了。

在中国,虽然 BAT 有海外团队,但他们对移动广告领域并不熟悉,也很难专门花精力运作,于是他们成了木瓜的重要客户。而在海外,木瓜则与美国、巴西、印度、东南亚等地的移动市场均建立联系,并与 Google、Facebook 平台交换流量。木瓜在美国、英国建立起全球的运营团队。沈思也终于在移动领域摸索出一条盈利之道。2015 年,木瓜落子印度,和当地最大的 15 家电子商务、分类信息平台建立合作,替广告主去获得移动用户。

## 谷歌导师

加入谷歌时,面试官曾问沈思:"5 年后你会在做什么?""创业!"沈思毫不犹豫地回答。而现实中,仅仅用了 4 年时间,她就完成了从大公司产品经理到创业者的蜕变。"在我的记忆里,谷歌就像一所大学,我学到了很多有价值的东西。"沈思说,这包括对产品、项目的设计、流程、推广、管理,甚至是看待世界和与世界沟通的方式。这才让她得以成为现在的她。

沈思曾留意到,很多中国学生去海外留学,毕业了去做工程师,接触的都是技术层面,很少和人打交道;下班了则喜欢和其他中国人待在一起,很难深入到当地的文化和生活中。而进入全是美国人的产品经理团队,沈思有机会参与到很多非技术项目中去。比如,她为拉里·佩奇做了上市之后的第一个财报,为他播放幻灯片,这虽然是一件小小的"杂活",却有机会接触到很多战略性的内容,认识更多优秀同事。

今天大名鼎鼎的雅虎公司首席执行官梅丽莎·梅耶也是沈思的贵人,这位像大姐姐一样的副总裁,曾带着她这一届 10 个年轻人,到全球各地走访市场,去看当地最好的企业、学校。从苏黎世、东京,到班加罗尔,最后再回到美国,团队中所有的人都亲如兄弟姐妹,并成了好玩伴——除了喝酒,他们还去冲浪、潜水、滑雪,甚至跳伞。"那些好玩的都是当时学的,我们还玩过很多疯狂的东西。"

这段愉快的时光对沈思改变很多。"有两年时间我不讲一句中文,天天跟美国人在一起。通过这些,我能深入地了解美国的文化。"同时,这对沈思的人生观也产生了很深的影响。"打个很个人化的比方,我不愿意办婚礼,不愿意穿婚纱,因为我觉得,人应该有独立的意志,不是别人觉得你应该这个样子,或者所有人都这样,你就得这样。你得想清楚,你要什么。"沈思认为,就是这些渗透到生活里的小细节,都和谷歌有关系。"我在谷歌认识了这样一群人,知道原来是可以这样去看世界,去想事情,然后我才会变成这个样子。"

除了个性上的影响,更重要的启发莫过于来自业务本身。比如梅丽莎·梅耶,就是研究 usability(可用性)出身,她在意产品本身的 UI(用户界面)和可用性,对细节尤其着迷。沈思记得,最初谷歌的页面设计很像雅虎那样花花绿绿,后来则变成大量留白——只有一个简单搜索框,没有多余的信息。这个界面正是梅耶设计的。"她在这方面给我的启发很多,就是怎样去做 usability 研究,怎么去把一个产品的可用性做得更好,能够吸引用户。"

梅丽莎·梅耶创立的联席产品经理项目培养了大批互联网新星。布莱恩·拉科夫斯基(Brian Rakowski)已成为安卓公司副总裁,如今他也还在管理 APM 项目;毕业于麻省理工学院工程学专业的杰夫·巴泰尔马(Jeff Bartelma)成为云服务公司 Dropbox 的产品总监,他在谷歌做图书搜索(Book Search)时,曾就如何平衡用户体验和出版社利益衡量了很久,做了无数的 A/B 测试,最后得到了非常满意的效果。"他特别聪明,特别的 technical(专业),教会我很多东西,如用什么思维方式去看事情,怎样去把一个产品做好。他是一个特别棒的产品经理,也对我影响非常深。"沈思说。名叫杰西·李(Jess Lee)的女孩曾在谷歌地图部门工作,但她对时尚 DIY 网站 Polyvore 十分痴迷,并给公司创始人写了封信,表达自己的赞美、抱怨,还提了些建议。后来 Polyvore 邀请她加入公司来解决这些问题,2012 年,她已成为 Polyvore CEO。

当然,最深远的影响还是跟拉里·佩奇和谢尔盖·布林的高瞻远瞩有关。沈思记得,移动刚刚兴起的时候,整个市场是割裂的,摩托罗拉、诺基亚都在做自己的系统,因此开发一个应用,比如 Google 搜索页面,都要适配很多种机型。佩奇和布林说:"我们可不能这样做,这些操作系统太烂了,我们要改变这个市场。"于是他们转身买了 Android,做了一套开源操作系统,并改变了整个移动市场格局。"他们天天想的是这个级别的问题,这真的很震撼。"

谷歌倡导平等、以工程师(而不是管理)为导向的文化也是让这家公司充满理想主义色彩的原因。记得第一次去谷歌,沈思发现,CEO 埃里克·施密特也跟工程师们坐在一张桌子旁,她当时觉得不可思议,后来才注意到这正是谷歌文化。拉里·佩奇有段时间学中文,他经常穿着拖鞋和 T 恤在公司里走来走去,并用中文"你好"跟同事打招呼。"注重创新,员工之间平等、友善,更多对事而不是对人,公司再大也没有什么太复杂的人际关系,并且老板和员工坐在一起。"创立木瓜的沈思也坚持着这些原则。

"如果你去想下一个趋势是什么,或者你要去做什么东西,那你就抛开技术本身,闭着眼睛幻想 5 年之后,甚至 10 年之后,人们的生活是什么样子。你该做的创新正是那个,没有复杂的道理。"沈思说,这正是她从谷歌学到的创新。"5 年前你闭着眼睛想,我希望手上有个电话,想照相就照相,想上网就上网,想在上面叫个车车就来了,你会觉得这是科幻。但现在这就是现实,这正是我们的机会。对,这就是创新。"

## 2B 还是 2C?

虽然在尝试移动社交方面的创业之路并不平坦,相反,木瓜在 B2B 的移动广告领域找到了自己的路径,但沈思并没有放弃 B2C 的探索。她总是想,做什么东西能够改变世界? 所以在做移动广告的同时,沈思和她的团队开发了一个名为"木瓜日历"的应用。这虽然是一个很小的 App,但是凝聚了沈思的很多思考。

"人在时间管理、社交管理上,应该可以更智能。如果有这样一个产品,我可以根据你的时间计划、社交关系、你的喜好,为你进行推荐,你可能就不会错过一些精彩的东西,这相当于一个入口。甚至将来,比如手持设备、手表、眼镜,都离不开自己的时间管理,我们可以依据你的衣食住行为你设计计划,进行更多创新——这会是一个 powerful(充满能量)的东西,这就是为什么我们选择日历这个方向。

"我相信总有一天我们能够做出一款全世界所有人都会用的产品——这是谷歌教给我的,我想一辈子都不会放弃。这是我的梦想。"沈思说。

从小就有"未来之梦"的沈思是中国移动互联网最早的一批创业者,她从自己的亲身经历中为互联网创业者总结几点经验教训:

第一,设定一个可以长期坚持的目标,你的积累早晚会爆发并帮到你。

从加入谷歌起,沈思就一直坚定自己的创业方向——移动,无论是做联席产品经理选择移动项目,还是最初的创业做"移动上的 Facebook"。虽然之前的创业不算成功,但后来转型中的木瓜,依然得益于沈思在最擅长的领域积累的经验:她是第一个谷歌移动广告产品经理,并有机会到全球看市场,所以木瓜可以斩获 BAT

这样的大客户。此外,虽然移动社交平台失败了,但积累了大量用户数据,这些数据在其后做移动广告精准投放时会特别有用。

第二,谷歌不是万能的,市场的检验非常重要。

PayPal 的离职俱乐部(Paypal Mafia)成员后来创立了很多大牛的公司(Space X、Tesla……),但谷歌出来的人,做到极致的公司似乎没那么多。不是因为谷歌不好或者他们不够聪明——恰恰相反,在谷歌工作太顺利,他们在这里被宠坏了:在谷歌只要做一个差不多的产品就有用户。但在现实创业中,在没有任何品牌效应,没有任何营销,没有任何人指导的时候,要说服一个用户去使用你的产品有多难——谷歌的人一点都不知道。因此这是谷歌创业者要去补足的一门功课。

第三,中国人可能做事情没那么专业,但是很拼命;美国人比较专业,但他们不够 hungry(野心勃勃)。

这二者有利有弊。做一个跨国公司,对不同市场,要用不同的方式去管理,去激励他们。每个市场木瓜都会找当地人成立团队,因为毕竟距离远,又有时差,他们最了解当地的情况。而团队与团队之间的沟通也应该不断加强。

第四,想清楚比"马上开始"做更重要。

刚刚进入谷歌时,沈思同时管理很多项目,总有做不完的事情,而她又干劲十足,所以每天睡得很少,都是拼命的状态。年纪大了后,两件事情想得更清楚:一是做事不是使劲干就能出最好的结果,有时候坐下来什么都不干,想清楚更重要;二是有时需要等一等再做,时机很关键,事实上很多事情都可以事半功倍。

# 用梦想酿造一杯鸡尾酒

2015 年 2 月初的一个早晨,笔者和安兴华相约在北京建外 SOHO 西区他的办公室。这里的陈设和装饰俨然一个酒吧——前一晚,安还在这里摆弄着自己的收藏,和朋友们调酒聚会。这样的日子似乎让他回到十几年前在美国读书工作的时光。当时,夜晚陪伴着他的正是鸡尾酒。不过,和那时不同的是,这个昔日的技术狂人把自己的休闲爱好变成了职业。安兴华的朋友田行智调侃他为"罕见生物"——"他可以一只手编程,一只手调酒。"现在,安的这杯酒里有了更多梦想的味道——他希望更多人喝到"安的鸡尾酒"。

大都会(Cosmopolitan)、红发情人(Red Headed Slut)、马里布精灵(Malibu Sprite),这些曼妙而诱惑的名字,正是安兴华即将开启的新事业。"一款 An's Nirvana(安之涅槃),送给自己,祭奠曾经的技术生涯,开始一段更酷的人生,也希望有机会能送给每一位中国姑娘。"安如此写道。

一切灵感的来源，都可以追溯到他十几年前的美国生活。

2001 年，安兴华到美国读书，过着实验室和家两点一线的日子。一天，当他拖着疲惫的身躯走进卡内基·梅隆大学旁一家超过 30 年的酒吧，一个 60 岁的美国老者接待了他。"嘿，伙计，你今天过得如何？"老者问。"被老板搞翻了，我需要彻底放松。"安摊摊手，紧锁的眉头似乎还没展开。"现在你需要一杯曼哈顿。"老者说。

不久，一杯琥珀色的威士忌调制鸡尾酒被端上来。一杯下肚，安就"很有感觉"，酒刚入口，是威士忌的苦和烈，一秒钟之后的 aftertaste（回味），则变成淡淡的橙子和橡木桶香。"这真是很神奇，一秒钟可以出现两种味道。"安对老者说。"这就像你今天的感受，开始很紧张，然后慢慢放松下来。"老者得意地说。"原来鸡尾酒这么神奇。"安暗暗感慨。

在美国的日子，安兴华会经常光顾这间酒吧。鸡尾酒五美元一杯，但和老者熟络后，他会给安四五杯，最重要的是，安开始接触到调酒技能。金汤力（Gin Tonic）是一种常见的鸡尾酒，在全球酒吧比比皆是，但在这里安喝出了特别的味道。老者给他揭开了这个"秘密"：一是冰要放足；二是如果男士喝，金酒和汤力水要 2：3 的比例；第三，要用很细的三根吸管放进杯子，喝的时候去吸而不是沿着杯壁喝——只有这样舌头才会有酥麻的体验，这正是金汤力要表达的感觉。"原来鸡尾酒的差别不仅在味道上，在喝法、调法上都不一样。里面都是奥妙。"那一年，安兴华竟在这里品尝到并学到调配美国流行的近百种原汁原味的鸡尾酒。

无心插柳的休闲生活，成为安兴华十几年的爱好，无论朋友聚会、公司活动或者家庭宴会，他都会调酒给大家喝。回国之后，在谷歌的离职群，这更成为他一展身手的好机会。"安的鸡尾酒"早已成为圈中宠儿。

# 为中国女人做酒

不过,拥有一项得意的技能,和将之变成一项可持续经营的事业,并不是简单的一回事。安兴华的朋友们也没想到,有一天,名为"安的鸡尾酒"真的诞生了。这并不是一家仅供休闲玩乐的酒吧,安希望改变中国女性的生活方式,让她们喝到一瓶属于自己的酒。

这个创业想法源于安兴华回国后的观察。在欧美,女性经常会在晚餐前后喝杯鸡尾酒,缓解压力,享受浪漫。这些酒也大都有着动听的名字,玛格丽特、莫吉托、长岛冰茶……比如在美剧《欲望都市》中,女主角最爱的正是"大都会":它由伏特加、蔓越橘汁、橙皮甜酒和柠檬汁调配而成,粉红的颜色最适合体现女性的魅力和感性。然而,在国内,除了红酒,中国女士们却没有一款适合自己的酒。在人们的传统观念中,酒依然是男人的专属品,对女性而言,喝上一杯白酒啤酒,不过是男人堆里的一点点缀而已。

不过,中国女性早已不是过去居家保守的传统形象。她们有独立的事业,也背负同样的压力;她们注重自己的生活方式,也希望有个性化的情感表达。在工作之余,和闺蜜聚会、旅行,成为流行的生活方式。商家们也观察到这样的现象,于是与之相呼应的"闺蜜经济"悄然而生。

一杯美酒正是这种生活理念的缩影。近年来,市场上开始流行一种水果味瓶装预调鸡尾酒。它们有花花绿绿的外观,通过不同的酒精浓度和果汁浓度调制,受到年轻人特别是女性消费者的追捧。近三年来,通过明星代言、综艺节目娱乐营销,2014 年,一家公司就获得了几十亿元人民币的收入和 30% 的增长率,并与啤酒市场产生直接竞争。

不过,这种由酒精、香精加二氧化碳组合而成的饮品,在美国市场上被称为 alcopop(酒精性饮料),和可乐类别的产品放在一个货架上,并不是纯正的鸡尾酒。其市场受众,也主要针对 18~25 岁的年轻人,占购买人群的 70%。

事实上,真正的鸡尾酒(cocktail),通常以朗姆酒、金酒、龙舌兰、伏特加、威士忌等烈酒或葡萄酒作为基酒,再配以果汁、蛋清、苦精、牛奶、咖啡、糖等其他辅助材料,加以搅拌或摇晃调制而成。除了有特定的比例和口感,也有着特有的故事和寓意。在酒吧,你不会向酒保要一杯"橙子味"或"蓝莓味"的鸡尾酒,而是说,我要点一杯长岛冰茶、大都会、莫吉托或性感沙滩。

"这是一个隐形市场,需要被激活。"这正是安兴华看到的机会,就好比胶囊咖啡让人们一分钟喝上浓咖啡一样,没有概念则没有需求,一旦概念诞生,市场就将被激活。

选择鸡尾酒而非红酒的原因则是,虽然红酒对女性而言知名度较高,但入门的门槛也相对较高。想要真正辨识红酒,至少要喝上四五十瓶才有"感觉",且价格对品质的影响极大。而鸡尾酒突出的个性,则会给人留下深刻的印象。"几秒钟你就会知道自己是否爱上它。"

安兴华希望为 25~35 岁的女性打造专属她们的鸡尾酒。"这个年龄的女性,也可以称她们为'轻熟女',她们支配金钱的自由度超越了学生时代,想要生活上有一定的品质,有独特的审美,这就是我们的用户。"

## 电商＋用户决策

计算机出身的安兴华,当然要用"互联网思维"卖酒。

安用两个词概括他的商业模式:电商＋用户决策。

2014 年 10 月,他把办公室装修成酒吧的模样,还有人以为安是要像"雕爷牛腩""黄太吉"那样开实体店。安兴华不甘于只把酒卖给附近三五公里内的用户。于是,他尝试把莫吉托、长岛冰茶这样的酒装在瓶子里,并会搭配新鲜的柠檬片送到用户手中。通过电商去掉渠道成本,可以让价格变得更低,用户的钱花得更值,并且任何地方的用户都可以第一时间买到他的酒。

另一个不同于传统商业模式的则是"用户决策"机制。百款鸡尾酒款款经典,但先上市哪一款?传统商业一向是商家决策,即使是花大价钱大量时间进行用户调研,也往往受制于调查范围,从而导致产品与用户脱节。安兴华希望通过一个好玩的试喝机制,让"任性"的用户说了算。

安讲了他的两个案例。第一是做鸡尾酒瓶产品设计时,他在朋友圈发了一个心理测试,在四五道题中植入一个产品相关选项:你觉得哪个瓶子有感觉?因为题目本身有传播力,瞬间就获得几千个答案样本。通过后台监测又发现,到 1000 多人参与时投票趋于稳定。"这就是一分钱不花,用互联网的思路,得到的最真实的答案。"第二个案例则是刚刚决定启动项目时,因为市场没有同类产品,难以验证市场需求。"这是一个鸡生蛋还是蛋生鸡的问题。"安说,于是他做了一个模拟电商网站,画出漂亮的产品原型,告诉用户如何分三个步骤喝这种酒。接下来他在广告联盟上做推广,观察用户反应。"平时百度联盟广告点击在万分之八以下,我们是万分之四十,高出好几倍。"他还虚拟了价格和销售平台,看用户的点击反馈。"通过这个观察让我们感觉到这个产品有关注度,用户有好奇心。所以我才有信心做这个决定。"

根据用户的选择,已经有三款鸡尾酒让中国女性乐意为之买单。它们分别具有不同的气质和感觉:马里布精灵,象征恋爱中的甜蜜,以及假日时光;酒精度略高的大都会,适合都市中繁忙的女性,她们可以享受难得的独酌时光,也可以跟闺蜜倾诉分享;第三种则是红发情人,这款酒很年轻,味道神秘,就像可乐一样对标不到自然界任何一种味道,2000 年它诞生在美国俄亥俄州的一个酒吧,几年后已经风靡全美。

未来,安兴华希望每两个月推出一个新款,并根据季节进行更迭。"永远都是用户选择,我的核心粉丝有特权提前尝到这些酒,并由她们投票,就好像一个彩蛋。"

## 走心的鸡尾酒

1912 年,一位墨西哥调酒师的女朋友玛格丽特因车祸离开人世。墨西哥最有名的酒便是龙舌兰,由仙人掌和多种植物酿成,味道浓烈奇特。悲恸欲绝的调酒师以龙舌兰为基酒,加入新鲜柠檬汁调制了一杯酒,他最后在杯口加上一圈盐。酒刚入口,味道咸酸苦辣俱全,再回味则是橙皮酒的甜。"这就是失去一个亲人,思念她的滋味。盐是她的泪水。"这就是著名的鸡尾酒玛格丽特诞生的故事,这款 1912 年发明的酒,20 世纪 40 年代在全美调酒师大赛中得了第一名,其后风靡全球。"每个酒都有真实的故事,有真实的人。就像厨师发明一道菜背后一定有他的故事一样。"安兴华说,不同于那些创造故事的品牌,鸡尾酒本身就有"走心"的故事。"就像喜欢喝马丁尼(Dry Martini)的人,也许并不是他喜欢喝,而是因为电影《007》的男主角经常端着一杯,你喝的时候就觉得自己很酷。"

安的鸡尾酒有三个天使投资人,包括投资了不少消费升级项目的丰厚资本、和玉资本。另一位则是安兴华的谷歌老同事郭去疾。

一天,在网上看到那段为祭奠自己过去的技术生涯、重新开始新事业的"安之涅槃"鸡尾酒视频,郭去疾立刻想起了他的老朋友。起初,他以为安想要经营一个酒吧,但是来到这里才知道他真正要做的事。和安兴华一样,郭去疾也是留美多年,对鸡尾酒并不陌生,但他对"瓶装鸡尾酒"的概念还是头一次了解。闲聊间,两人一起喝了几杯,郭对酒的味道非常认可,仿佛再一次在美国酒吧品尝到了纯正的口感,他兴奋地表示,太太也会迷恋并成为这个产品的忠实客户。半小时后,两个人已经达成投资意向。这令安兴华颇为兴奋:"郭去疾在商业战略和供应链这一层都蹚过这条路,有很多实操经验。"

2015 年 4 月,安兴华再次发挥他的互联网思维,在网站平台上发起了股权众筹项目。短短半个月内,就有近 150 名股东认购了 240 多万元人民币,超出了目标的 147%。对安来说,他筹集的不仅是钱,还有影响力。他希望有更多的人,帮助他传播这个独特的鸡尾酒文化。从这个意义上说,他离自己的梦想已经越来越近。

**TIPS**

安兴华是 xGoogler 中真正把自己的业余爱好变为事业的一位。事实上,这位"酿造"鸡尾酒的创业者从严格意义上说,已经有点远离自己的计算机生涯——不过也许恰恰相反,当下互联网创业领域最被投资人看好的方向之一就是 O2O,安兴华的多重经历,才敢让他做出这样的创业选择:在谷歌,他学会用互联网的方式思考和解决问题;在云云,他初步感受到创业的成就,但也很快发现短板,即商业逻辑的缺失;第三段经历则是在传统企业万达做电子商务,这也对他今天创业影响颇大,即如何将传统行业的优势与互联网结合。互联网与传统营销的一掷千金不同,更多的是巧妙接近消费者、让用户做出决策,甚至让大众参与其中,以四两拨千斤。安兴华在鸡尾酒创业中运用新媒体、玩电子商务、搞众筹,他是一个互联网的思考者和实践者。在经历了此前诸多经验、教训、试验后,我们很期待看到这个昔日技术狂人如何成就一门实体商业,并通过互联网发挥更大价值。

附

## 安兴华的跨界思考

（根据采访内容整理）

我从小学习计算机并参加各种比赛，高一在瑞典参赛后被保送进清华大学。我几乎没怎么参加过考试，高中在集训班里就把研究生的课本都读完了。清华毕业后，我去美国南加州大学学习计算机，然后进入谷歌工作了 6 年。谷歌对我的影响主要是性格方面，以前上大学时我没这么外向，在谷歌认识了很多聪明、有趣的人，跟他们相处很愉快。在谷歌工作起来很舒服，无论工作环境（偶尔会吃到龙虾，还有超市里最贵的小吃都会出现在 10 步以内）还是工作方式（谷歌是工程师驱动，数据说话，你会发现你自己有发言权，别人和你的认知很容易相同）。谷歌对我影响比较大的人就是我的老板，一位 40 多岁的女士珍妮·赵（Jenny Zhao），她希望每个人都发挥自己的正能量，这对我后来带团队有很深影响。谷歌的两位创始人给我的印象是他们真的很容易沟通：会拿着比萨过来跟我们聊天，拉里·佩奇思维很快，很有趣，说话也很直。在谷歌工作确实是觉得这是世界上最好的工作。

在谷歌前三年，我没想过创业。我曾和沈思、汪华三个人想做一个移动端的搜索引擎，但后来做着做着觉得过时也就不了了之了。那个时候大家更多的是在一起工作、吃饭和玩，但离真正创业还是挺远。

2009 年我回到谷歌中国团队，谷歌地图从 4% 做到 48%，成为中国市场份额第一名的地图，但随后谷歌退出中国，市场份额瞬间全掉下去，那个打击对我们特别大。我也有了离开的想法，当时刘骏找了孙峥、王东和我，我们四个人在咖啡厅谈这个事，所以云云搜索诞生了。

云云搜索是一帮纯搞技术的人做的,所以有一点"缺条腿"的感觉,在商业上和出路上,想的不是很清楚。产品的出发点非常简单,就是做一个更好的搜索引擎。目前的搜索引擎给出的结果通常是跟搜索关键词高度相关,而忽略了是否跟用户相关。比如:我搜索"北京 买车"和另一个用户搜索这个关键词,都会出现宝马的4s店,这个结果是不对的,因为每个人的消费能力不同。这个时候,如果出现我一个同事发的一条微博:"耶,今天买了辆车!"也许对我的帮助更大。通过挖掘社交网络的内容,可以做到除了跟搜索关键词相关外,还跟每一个用户更相关。我们把它叫作"社交化搜索引擎",也就是下一代搜索应该做到的技术。

开始的时候一切非常顺利,不到一年的时间,我们就做出了一个全新的搜索引擎,搜索结果非常好,也因此获得了下一轮融资和不少大公司的战略合作意向。可惜的是,我们忽略了公司非常重要的一环:运营。我们以为好的产品会自传播,但产品上线很长一段时间,我们并没有太多真实的用户。三年后,云云搜索的创业项目以被新浪收购而告终。

2012年下半年,我去万达做CTO,开始接触到传统商业,我发现传统商业与互联网有不同的玩法,它们有自己的优势和劣势。优势是一旦渠道建立、资金积累,商业模式就可以持续,生意就能做成;但劣势是传统商业对互联网工具的意识不强。我们曾给长白山万达滑雪场做了一个官网的新媒体营销,销售额很快提升20%,这对互联网营销人员而言就是一项基本功,但传统企业的老板们就觉得特别神奇。传统行业对新产品需要重金投入,但互联网可以通过社会化营销一分钱不花打到人心里面。我相信国内传统商业了解互联网也需要一些时间,所以我希望通过互联网跨界到传统领域中。这是我的机会。

# 第5章

# 正在崛起的创业帮

如果一个人在 20 年间创立 10 家公司，哪怕并非全都成功，但是每家公司有 50 人，那就是影响了 500 人。这 500 个人，走出去又会不断发散他们的创业、创新力量。所以，一个人的价值早已超越了个体，这种谷歌精神是绵绵不绝的。

——李开复

# 谷歌第 103 号员工

生于 20 世纪 70 年代的周哲说,他的人生中有三件事成为命运的拐点:第一件是童年时随父母举家迁到香港,使他在 20 世纪 80 年代初拥有了第一台个人电脑,并产生浓厚兴趣;第二件也是最重要的一件事是大学时到美国硅谷,他认识到除了朝九晚五的工作外还有另一种人生叫作创业;第三件则是毕业后进入谷歌,他见证了一家互联网公司从创业到上市并成为市值千亿美元公司的过程。"后面如果还有更重大的事情,对我来说也不过是锦上添花了。"周哲说。但如今,那个离开谷歌后轻松自由、小有名气的天使投资人周哲,却一脚跨入创业"深渊":一边,他试图打造一个融合 iOS、Android、Windows 系统优势的全新平板电脑系统;另一边,他游说富士康一起撬开硬件市场。他渴望像当年由乔布斯开创个人电脑,并由 IBM、微软共同掀起的产业革命一样,发动一场"超级平板电脑革命"。那么,这会成为周哲继谷歌之后的第四次命运拐点吗?

## 预测未来最好的方法就是发明它

亨利·福特曾说:"如果我最初问消费者他们想要什么,他们会告诉我'一匹更快的马!'"这句话站在颠覆者的角度,可以用美国计算机科学家艾伦·凯(Alan Kay)那句名言来解释:"预测未来最好的方法就是发明它。"

关于周哲为什么要研发一套全新平板电脑系统的想法,可以追溯到 2013年。当时他想给父亲购买一台具有多窗口、兼具办公和娱乐功能的平板电脑,却发现除了加载 Windows 8 系统的平板外,市场上几乎别无选择。这件事就像苹果落地激发了牛顿关于万有引力的遐想那样让周哲意识到,在平板市场,除了苹果 iPad,行业几乎不存在一个真正的领头羊。从销量上看,品牌分布分散,iPad 占据几十个百分点,其他品牌都不足 10%;从实质上看,苹果虽然娱乐功能强大,但系统封闭,也不能外接鼠标,并不适宜办公;微软试图以 Windows 8 成为从 PC 时代跨越到移动时代的里程碑,但这一系统的操控性却始终受到各种诟病;Android 虽是开源系统,但一开始便是为小屏幕设计的,一旦应用在大屏幕上,多任务、操控效果都不尽如人意。

周哲看见的另一个趋势是,随着人们对便携性需求的提升,笔记本形态的产品可能将会被平板替代。虽然从办公属性看,微软 Surface、苹果 Mac 都有良好便携性,但价格高企,而在中国大多数地区,价格依然是消费者决策的最主要因素。单纯的娱乐性平板,几乎难以满足办公需要。

因此,如果具备三个条件,周哲认为将会有一个新的市场夹层出现:亲民的价格,让大多数人买得起;融合 iOS、Android、windows 三个系统的优势;多窗口,兼具办公和娱乐功能。在谷歌就从事移动项目的周哲,当然要通过改进安卓来实现这个理想。

事实上,已成为国内未上市公司中市值最高的科技公司小米,在过去几年就基于安卓系统成功完成了一次延伸,即 MIUI:由于谷歌安卓多项功能在中国受限,小米基于开源系统打造了一套属于自己的生态。通过 MIUI 软件和小米手机硬件的组合,在国内智能手机市场上掀起了巨大的波澜,甚至改写了智能手机的供应链价格体系。

不过,小米诞生的定位是开发手机,MIUI 的核心也是围绕手机服务开始;但周哲的思路恰恰相反。他要从软件的层面切入"办公+娱乐"功能的平板市场,并打造出一个新的生态圈:像 PC 时代的 Windows,成为硬件厂商的中心。和富士康一起开发硬件,则是这场革命中的一次落地实验。

这种模式并非没有质疑,一个说法是,周哲想象的市场并不存在。但周哲认为,这就好比七八年前拿着 iPhone 或者 Android 智能手机,告诉别人这将是未来,得到的反馈十有八九是:"我的诺基亚挺好,为什么要换智能手机?"本质原因在于当时智能手机的用户体验并不够好。而一旦有人花费精力越过这道门槛,将像苹果手机那样改写历史。因此,周哲有信心通过系统定制,挖掘一个"平板+键盘"的新产业。"我赌的是一个趋势。"周哲说。

然而,眼前的挑战已今非昔比。微软凭借 Windows 桌面系统踏平天下的时代已一去不复返,微软的幸运源于 IBM 把 PC 行业的硬件标准化,使得软件企业并不需要为硬件去做太多个性化。但在移动年代,统一硬件标准的时代却不会再重来。因此,除了打造一款优质的系统,还需要为用户提供长期、大量的技术支持。

周哲带着他的"赌注"甚至一路来到美国。在国际消费类电子产品展览会(CES)上,搭载其 Remix OS 系统的产品得到了媒体的肯定。但是,同样喜忧参半的消息还有,苹果计划推出一款带键盘的 iPad;微软即将在 2015 年推出更适合移动设备的 Windows 10,并首次开放办公软件 Office 给 Android 和 iOS 的用户。对周哲来说,这意味着他即将面临强大的对手和空前的挑战,但另一方面,这个趋势也许真的被他赌到了。

## 人生转折

作为"70后",周哲认为自己的创业与"90后"最大的不同在于经历过时代所赋予的东西,也经历了互联网行业从兴起到繁荣的全部过程。

上小学时,在香港电力公司工作的父亲为了让儿子受到更好的教育举家搬到香港。当时中国还在改革开放初期,高考刚恢复不久,内地的应试教育体制刻板又竞争激烈;计算机教育也尚未普及;周哲虽然学习不错,但在考试上并不是尖子生,也未必能进入中国最好的大学。而在香港,他在20世纪80年代初比内地同龄人早10年拥有了自己的个人电脑;1996年,又顺利考入香港科技大学电气工程专业;随后,大学期间他得到美国哥伦比亚大学全额奖学金交换一年的机会;1999年,从科大毕业之后,考入斯坦福大学攻读硕士学位。

周哲的视野在到达美国硅谷后获得了很大开阔。他的父母是经历过中国艰难岁月的一代人,对事情的看法简单、保守、渴求安定而不愿冒险。这本没有对错,也是那个时代使然。然而,如果在这样的环境下长大,周哲自己也难免安分保守,缺乏冒险精神。但在硅谷,周哲却看到另一个世界。

刚到美国的周哲,立志要在名校努力读书。然而观察周边的人,他却发现不少同学竟然退学加入创业行列。"他们放着好好的书不念,这是不是傻呢?"周哲心里有一百个问号。当时,斯坦福大学的拉里·佩奇和谢尔盖·布林从PhD(Doctor of Philosophy,在美国一般视为学术学位的最高级)退学创办谷歌的事情小有名气。这更让周哲震惊:"能在斯坦福进入PhD,绝对是顶级学霸,在我看来退学简直就是不可思议,这怎么可能?"但是,当亲眼见证身边人不断离校创业,周哲开始自问,这是我的问题还是他们的问题?

虽然最终认真完成了学业,但拿到学位时的周哲再次走到岔路口:是选择一家稳定、高薪,但可能一干就是 10 年的大公司,比如微软、英特尔;还是加入一家前途未卜但充满各种可能的创业公司? 这一次,已经受到太多触动的周哲对前者已经兴趣全无,虽然拿到硅谷十几家公司的录用通知,但他选择加入创业阶段的谷歌。

有时回想自己人生的几个转折,周哲认为少了哪一步,今天的人生都会截然不同。即使他在内地幸运地考入一所好大学,也学习计算机,那么在 2000 年年初大学毕业,当时还没有百度等大型互联网公司,他猜自己会选择微软,很可能在那里一待就是 5 年、10 年,即使再到 10 年后他希望做点别的事情,可能"别的事情"就是加入百度;另外,如果没有去美国,接触一种全新的文化,他也很确定今天不会创业,人生观和做事的方法会大相径庭;如果没有加入谷歌,伴随这家年轻的公司走向商业巅峰,他则不会实现财务自由,更不会成为后来的"天使投资人 Jeremy"。

## 冒险家的世界

然而周哲当时加入的谷歌的确是一家名不见经传的初创公司,确切地说更像一所学校,整个公司平均年龄不过二十四五岁,周哲甚至做好了"两年后这家公司垮掉了,我再去微软工作也不迟"的打算。就算现在回想起来,周哲也觉得谷歌是个幸运儿。第一是它太年轻,如果换作今天,在激烈的市场环境下成功率会低很多,谷歌的成功和当时的时代密不可分;第二,当时谷歌内部也还没有良好的管理方式。2001 年,还是 CEO 的拉里·佩奇,认为公司里的管理人员太多,一个早上,他宣布从即日起公司将没有"经理"职位了,所有工程师都把问题汇报给工程部副总裁,当时几乎所有的人都傻眼了。后来证明,佩奇的做法并不明智,这也不过是他一时的任性之举。

拉里·佩奇也曾在谷歌推出第一代广告时认为审批是一件麻烦事,最主要的工作应是向前推进项目。然而,这一度导致毒品或不良广告频频出现。"这不能说是他的错,只是当时的他有点不成熟。但站在他的角度看,这不过是冒很小的险,后果相对可以控制。现在谷歌能做得那么大,正是因为他的精神,这和他敢于冒险不无关系。"周哲说。

的确,拉里·佩奇的胆识成就了今天长成参天大树的谷歌,使其成为全球市值最高的互联网公司。这位冒险家认为,如果有一个机会,它可以足够大,那么宁愿花费大量人力物力尝试,甚至无论结果成败。最极端的例子是安卓,当时两位创始人几乎赌上公司所有资源。"如果最终安卓没有做起来,导致谷歌倒闭,那么没关系,人活着不做点事情等于白活。对他们来说,赚不赚钱不是最重要的,能不能得到公众认可也不重要,在他们眼里,'有意思'才是最重要的事。"周哲说。

这也让他们有着不同常人的价值观。谷歌上市时,两位创始人还住在租来的房子里,不少人建议说,你们这么有钱,不如去买所房子。"买房子干吗?我住得好好的,等有时间吧!"佩奇敷衍到。10年过去了,谷歌股票的增值速度当然远远大过了房子的增值,但这个小小的例子并不是说明两位创始人在投资界多有头脑,而是他们超越了物质、成败和得失,超越了绝大部分人的世界观。

## 从103号员工到天使投资人

作为谷歌第103号员工,周哲在这里度过了一段难忘时光:他写下谷歌第一行Java代码,成为广告系统Adwords第一个工程师,持有谷歌的原始股权。

2004 年 8 月 19 日,在美国纳斯达克上市的谷歌,市值高达 230 亿美元。这让年仅 28 岁的周哲尝到了"一夜暴富"的滋味。

周哲常说,他的整个人生收获绝大部分来自谷歌,"不能说我之前的人生白活,但那时我的世界观非常狭窄"。虽然他在中学时期就尝试过理财、购买外汇,但对投资的理解基本来自报纸和道听途说。直到谷歌上市后,他才得到系统培训:为了教这些一夜拥有千万财产的技术派年轻人管理资产,谷歌邀请大学专家、学者来给员工上课。比如,一位获得诺贝尔奖的斯坦福大学经济学教授,就曾深度分析过金融投资,并对华尔街案例作解析。在这个过程中,周哲开始慢慢对此产生兴趣,并摸索出一条自己的投资逻辑来。

周哲认为,投资最重要的一点是耐得住寂寞,做长线投资。股神巴菲特经常引用传奇棒球击球手特德威廉斯的一句话:"要做一个好的击球手,你必须有好球可打。"周哲通过对巴菲特的研究也获益匪浅。他认为做投资重要的是选定一个"潜力股",在合适的时机参与进去,不要总是"换股"。比如巴菲的特别之处就在于他的投资"永远"不变:一些股票甚至接连持有 50 年,这是绝大部分人认为不可思议的事情,但这也是他成功最重要的一点。2007 年,周哲看中斯坦福大学校友、谷歌同事郭去疾外贸电子商务的项目,投资了兰亭集势。2013 年兰亭上市,虽然外界看来这是一次成功下注,但做天使本身就是一次冒险;兰亭又是一家电商公司,需要不停烧钱,这六七年时间里,周哲经历了很多艰苦过程。但现在看来,周哲认为最重要的是选定一个方向坚持下去。

做天使投资识人也很关键。近两年,周哲将触角伸向影视,分别投资了电影《一夜惊喜》和《一路惊喜》。这两部电影的导演金依萌在 2009 年曾凭借《非常完美》成为第一位票房过亿的华人女导演,周哲记得自己曾对她说,"你这部电影,赚不赚钱、成不成功我不在乎,你下部电影成不成功、赚不赚钱,我也不在乎"。周哲说他看中的是两件事,第一,中国的电影市场是一座巨大的金矿;第二,金依萌导演在做电影方面有能力、有追求,并且善于运用商业元素。"我觉得她会是中国电影行业的下一个冯小刚。"

## 创业长路

　　1865 年,采矿工程师弗雷德里克·艾德斯坦在芬兰坦佩雷镇的一条河边建立了一家木浆工厂;三年后,他将第二家橡胶加工厂开到坦佩雷镇西边 15 公里处的诺基亚河(Nokianvirta River);1871 年,在朋友利奥·米其林的帮助下,两家工厂合并为一家股份有限公司,并命名为"诺基亚"。谁又能想到,当年一家生产木浆、橡胶的企业,100 多年后竟发展成为全球最大的手机制造商。1982 年,诺基亚生产出第一台北欧移动电话网移动电话 Mobira Senator,这部手机重达 9.8 公斤。到了 20 世纪 90 年代,移动电话尺寸越来越小,生产成本大幅降低,用户量开始大增,成为全球风靡的电子产品。1996 年之后,诺基亚连续 14 年占据市场份额第一。

　　虽然在新的产业升级中,诺基亚面对智能手机的浪潮并未成功地把握机会,在 2011 年被苹果、三星等品牌超越,并最终被微软揽入怀抱。但参与硬件产业的周哲认为,诺基亚仍是他最为敬佩并值得学习的公司。和互联网行业不一样的是,传统企业的兴起往往需要经年累月的积累。即使一部看起来非常普通的手机,里面的电子元件和材料,都会形成独特的外观、内核、触感,并对成本产生很大影响。也许有外行认为,生产硬件不过是拿材料来模仿,但事实是,即使只是抄袭一款别人的产品,可能也要花上一两年时间。如何在有限的成本里面把它做好都大有学问。"我们是在向诺基亚学习,如何回归到最原始,就是你看不到手机,只有一大批原材料时,如何一步一步做起来。"

创业过程中,周哲遇到很多实际的问题,最主要的原因是团队本身并不是做硬件出身。他比喻这就像开一家餐厅,即使大家都是大厨出身,但没有人做过服务员、收银员、店经理,也很难开出一家成功的餐厅,因为每个角色都非常重要。而周哲认为自己最有底气的地方,是见证过谷歌的成长过程,这让他得以在技术和商业上做好取舍平衡。他经常说,谷歌在成长之初,也并非面面俱到,很多产品边打磨边面市,否则直接做到极致不仅会延误时机,也会导致成本的上升。虽然在技术流中,一种是结果派,认为做出来就好,另一种则过于强调"极致"。周哲则认为:"这两个极端,不能说谁错谁对,在一家公司不同阶段和不同财力的情况下要做一个平衡。"

做天使投资人的日子,让技术出身的周哲还认识到人脉的重要性。到了自己创业,他发现人脉是影响整件事成功与否的重要因素。比如,技德科技的名字就是蔡文胜帮助取的,公司推进也得到了创新工场的大力支持。2014 年年底,周哲顺利拿到 1 亿元人民币融资。

为了搭载软件系统,技德不得不进军硬件领域。但复杂的供应链常常把大多数初创企业挡在门外。5 年前,雷军曾找到富士康,希望后者代工小米,但没有得到郭台铭的支持。然而,2014 年 3 月的一天,一筹莫展的周哲却接到了创新工场的电话。原来,郭台铭希望从内部孵化一些优秀的硬件创业项目,并将之命名为"梦富成真"。作为创新工场的投资人,郭台铭找了李开复。就这样,周哲在创新工场向富士康报告了他的项目,并被通知前往深圳和郭台铭碰面。2014 年下半年,富士康决定入股技德科技。

技德科技的另两个创始人也和周哲颇有渊源。他的第一个合作伙伴叫陆韵晟,2003 年毕业后就加入美国谷歌总部,后来回到中国,曾和周哲一起共事于谷歌中国团队。2013 年,决定创业的周哲很快找到了他。第二个合伙人叫高恒,曾加入过两家创业公司,都被谷歌收购了。后来,高恒在美国担任谷歌软件工程师,然后又回到谷歌上海总部。2014 年,正当高恒想在创业领域跃跃欲试时,他遇到了周哲,很快加入了他的阵营。在技德团队中,已有七八个员工来自谷歌,其他很多核心员工,也大部分和周哲之前就有过直接或间接的工作关系,有些来自微软、华为、百度、索尼;2014 年年底诺基亚的一次裁员,则让周哲揽获了几位诺基亚工程师。

Remix 平板使用的电池,正是周哲投资的安燃动力生产的,这使得产品的质量优秀和可控;而电脑配套保护套则来自一位 xGoogler 吴全正的品牌亿色(ESR),双方还没签合同,吴已经为周哲开工了。"这就是大家心里的信任。没有这个圈子,今天很多事情我不知该怎么办。"

虽然迈出了创业的第一步,但周哲常对同事和自己说,他们还面对着很高的风险。软件加硬件,中国和美国市场,这些艰巨的任务,都在挑战着一百人的创业团队;甚至周哲构想的这个市场,会不会有朝一日真的如他所想,影响一个行业,这仍是一个问号。

对周哲影响很深的一个启发来自乔布斯在斯坦福的演讲。当时乔布斯说,人如果知道自己很快将要去世,会发现很多事情做的选择将非常不一样。"这是乔布斯给我最大的一个启示,就是你做所有事情最坏的情况是什么,最坏的情况就是你明天会死掉。这也许有点极端,但如果真的这样,你将怎样选择你的人生?"

TIPS

已经成长为参天大树的谷歌,同样是从一棵摇摆的小树苗起步的。见证过这样的成长历程,周哲在对谷歌的发展"敬畏"之外,也获得更多自信和思考:第一,没有哪家公司一开始就有成熟的商业模式、管理流程,这些都需要在企业成长中不断摸索;第二,一个产品不可能做到无可挑剔才面向市场,在技术和商业上做好取舍平衡很关键。

　　坦率地讲,作为 xGoogler 的一员,谷歌第 103 号员工周哲算得上是元老级人物,但作为互联网创业者,他还是一名新兵,面对着很多不可预知的风险。尤其是涉足"软件＋硬件",周哲所构想的市场,会不会真的如期爆发,影响一个行业,这还是一个问号。而即使迎来行业爆点,其产品和战略,同样需要经历市场的考验。但是,正如乔布斯带给周哲的启示,凡事做好最坏的打算,就不畏前行。至少,他勇敢地选择了自己的人生。

附　▶▶▶▶▶▶▶▶▶

# 写在谷歌上市 10 周年

（周哲，成文于 2014 年 8 月 20 日）

　　昨天是谷歌上市 10 周年的纪念日(美国时间是今天),时间真的过得很快,回想起来还感觉像昨天一样,当年的各种媒体不看好,到各种不遵守传统规矩的上市方式(荷兰式拍卖融资),都引起很多争议,但 10 年过去了,谷歌的股价升了十几倍,从金融的角度已经是毋庸置疑了,但这个成功的公司背后其实也经历了无数波折。我 2000 年进入谷歌美国总部,当时它还是一家小公司(我是 103 号员工),有很多鲜为人知的事情。

　　商业模式往往是摸出来的:我是谷歌 Adwords 广告系统的第一个工程师,当年刚刚进去的时候,我老板对我说:"咱们该试试把赚钱这个事情规范了。"今天广告收入占了谷歌收入的绝大部分,但是当年公司还不确定广告是个未来,甚至我们三个做 Adwords 的工程师都互相问了个很傻的问题:这种广告你会点击吗? 我们没有一个人点击过广告,也觉得自己这辈子不会去点击广告,那这个事情还有意义吗?

可是事实证明,我们不点不代表普罗大众不点!

没有完美的产品:第一代的 Adwords 广告系统只有三个工程师(有一个还是兼职的),加上一个 UI 设计师,没有产品经理,是的,那个年代谷歌还没有产品经理这个角色,很多人早期看见谷歌的产品都觉得做得很好很人性化,但这些产品都是没有产品经理去负责的,就是三种人把产品死啃出来的:UI 设计师、工程师、小组经理。没有产品经理确实有很多问题,但产品照样做出来了,而且无比快速,三个月就完成了(包括测试,运维,前期还试用了 PHP,中间还有 Lisp 的实验)!第一代产品确实有很多问题,但这些问题都不重要,因为没有太多用户!

技术很强:大家都认为谷歌的技术是互联网公司里面最强的,各种算法和数据,大牛们都爱加入,但其实在早期的时候谷歌很多技术是很差的(起码从今天的角度来看是这样),谷歌的第一行 Java 代码是我提交的,当时也没有正式的 code review(代码评审),没有单元测试,代码规范才刚刚开始有,而且没有 bug tracking(软件缺陷追踪系统)数据库!估计今天的软件公司很难想象没有这样的数据库是怎么管理 bugs(缺陷)的,但当年的谷歌也活得好好的!所以在这里给所有的技术大牛一个忠告:谷歌也只是"足够好"就可以了,用户体验才是最重要的!

交流成本几乎为零:早期的时候几乎没什么邮件来回,也没什么会议(最多也就是三个人讨论),很多事情就记录在便签上(纸质的,不是软件),因为没有 bug tracking 数据库,也不需要花时间去把 bugs 过一遍。没有报告,没有流程,我当时的老板甚至连电脑都几乎可以不用(她是斯坦福大学计算机系毕业的博士)。回想起来确实有点乱,但出来的产品还是挺好的!其实很多人都不会写邮件,不是因为他们的写作能力有问题,而是邮件是一个没有发送成本的工具,比如要是发一封邮件需要发件人付款 10 块的话,再夸张点是每 100 字 10 块,我相信很多公司的交流成本会大幅下降,因为每个人发邮件之前都会先仔细想想自己想说什么。很多人没有意识到发邮件花时间,其实看邮件可能更花时间,因为写的是一个人(比如花 5 分钟),

看的可能是 10 个人（每人花 1 分钟），对公司来说就是看的时间比写的时间多。

管理是实验出来的：我进入谷歌的时候管理层有三层：CEO、VP、经理。后来 Larry Page 想试试更扁平化，就变成：CEO、VP。当 100 个工程师汇报给一个 VP 不行以后才把产品经理和管理经理这些角色给慢慢建立起来。也是经历了这些以后才摸索出来单元测试和很多流程的东西，回想起来当时真的很乱，但也没有对业务造成大问题。

对每个人要信赖：第一代的 Adwords 广告系统上线的时候运维基本上只有我，还有一个很有经验的运维带着我，但他只能给我一点点时间（他是每天睡四个小时的人），产品上线的流程是——没有流程！我写了个简单的文件和脚本，其他人过了一下就上线了！我当时犯了无数错误（毕竟我没做过运维），有一些公司都没人知道（否则可能当时就被解雇了，比如我曾经把一部分用户的数据不小心清空了，还好找回备份了），但是因为公司给了我很大的信任，所以我犯了错马上就改。创业公司一定是会犯很多错误，很多人的方法论是尽量去避免这些错误的发生，所以会出来很多流程的东西，但是当用户量不多的时候，更重要的是做好出错的准备，再想想出错以后弥补的方法。

# xGoogler 的创业路

## 汽车：第四块大屏

作为谷歌中国第一批参与安卓系统开发运营的主要代表,邸烁的两次创业都有很深的谷歌烙印。第一次是 2008 年 10 月,他创办北京乐投科技有限公司,开发基于安卓开源系统的"我派"(WowPad)软件,为平板电脑产品提供从平台移植、应用软件开发,到内容运营服务的全方位支持。第二次则是 2013 年 7 月,看到汽车在智能领域的商机,他创建智歌科技有限公司,如今,主打全局语音操控的智歌安卓车载主机产品已经推向市场。

如果说手机、平板、智能电视三块大屏的市场竞争已经进入白热化,邸烁认为,还有一块屏将成为人们生活中的重要组成部分,这就是汽车上的屏幕。通过语音,其可帮助用户更为便捷地实现导航、听音乐、查资讯等功能,甚至实现社交功能。

这套系统背后的核心技术包括语音识别、语义理解、语音合成以及搜索等，与 App 和系统级的模块组合在一起，实现几个价值：第一是安全，用户不用在行驶过程中转移视线和停车，有效防止事故发生；第二是友好，采用交互方式是主流趋势；第三是门槛很低，语音应用让每个人都易于操控。

"第四块屏"所属的车载电子行业，最大的特点是散、乱、小。整个车载电子行业品牌大约有 300 多个，虽然几乎所有厂商都首选安卓操作系统，但真正可以将这套系统掌握的却寥寥无几。因为如果将手机上的安卓系统原封不动地搬到车载机器中，无论兼容性还是操作体验都非常差。这就像林斌、周哲抓住了智能手机、智能平板领域操作系统的"软肋"一样，邸烁希望为用户解决汽车智能操作系统的"痛点"：那就是将安卓系统的基本功能搭建好，基本操作体验解决好，基本的用户交互实现好。在此基础之上再将平台公开化，未来在手机、智能电视上的 App 可以同样稳定地运行在智歌车载主机上，省去传统安卓系统和第三方 App 软件之间的烦琐操作。除了软件之外，未来还会实现通过简单的语音指令就可以控制车辆中的其他设备运行，如车窗升降、车灯开启、车内空调调节、净化器开关等等，让汽车更加智能化。

邸烁出生在一个知识分子家庭。他从小喜欢钻研新奇的小物件，上小学后开始做一些汽车、飞机、轮船模型。上初中后，在河南的他又迷恋上武术。直到初三临近中考，学习成绩平平的邸烁才"突然开窍"，数理化成绩更好的他，考到全市第一，进入河南省实验中学。从那以后，他开始被学校重点培养，并参加数学和物理奥林匹克竞赛。

当时，老师们对竞赛班的激励方法就是让学生们看科学家传记。"学好数理化，走遍天下都不怕"的观念也深深植入邸烁的脑海。邸烁曾在数学、物理全国竞赛中获得两个全国一等奖，被保送到清华大学。但当时的邸烁，对科学的理解是只有数学、物理才能改变世界,因此他一门心思想进入数学系或者物理系。但是,他的父母都是计算机教授,他们认为,当时的社会风气已经不再崇尚数理化,没有人认真搞研究,未来的职业出路也不好,他们甚至请来搞数学的教授劝说邸烁,建议他选择计算机或者无线电专业。邸烁终于被说动,考虑到学计算机软件也可以大量使用数学,崇尚数学和逻辑思维的他最终做出了这个选择。

随着对计算机的逐渐理解,邸烁发现计算机的更美妙之处在于应用领域,可以真正给人类生活带来很大改变。

大三进入实验室的邸烁有机会随从海外归国的教授进行路由器方面的研究,在 20 世纪 90 年代初,路由器还是非常时髦的概念。这使得他几乎成为中国第一批接触路由器概念的学生,开始研究路由器的软件、算法及实现,如何高效率地在操作系统中把各种实时性、调度做好。

实验室的经历让邸烁意识到,做出好产品与技术尚有很大差别。好产品需要兼顾各种细节,并不是过去学习的理论、逻辑、算法就可以解决所有问题。很多用户体验、实际限制,比如计算速度、内存、用怎么样的规模来处理,都需要工程经验的积累。意识到这一点后,本科毕业的邸烁接受教授的建议,拒绝了去深圳工作的机会,选择继续留在清华,一边读硕士博士,一边继续做项目。

在接下来的 5 年时间里,邸烁活跃在实验室积极写代码,也跟朋友一起做公司的项目。最有成就感的是,20 世纪 90 年代中期,他参与开发了一套电话会议系统。当时,电话会议不太常见,也没有视频会议。他们就思考要让这个系统能够多方通话,大家都可以在里面发言,甚至可以控制会议,比如主持方可以选择让某一方发言,其他人只能听,以及静音功能等。此外,当时国内刚开始有互联网,他们还考虑,这个电话会议服务能否变成一个通过互联网购买的产品。想到这些，几个人真的开发出来这样一套系统，并卖给国内的一些电信公司。

将技术落地，并实现商业化的过程让邸烁对计算机领域有了更多思考。同时他也意识到软件与硬件结合的重要性。过去，他一度"鄙视"硬件，直到做路由器，他才发现硬件是非常关键的，软件和算法再好的应用，如果没有好的硬件架构，也运行不起来。后来做会议系统的经验，更让他理解怎样以用户思维思考问题，以及理解商业模式。20 世纪 90 年代末，中国第一批互联网创业者已经在大潮中崛起，邸烁看到了更多机会。

邸烁的第一份正式工作是在微软亚洲研究院。当时李开复从美国来中国组建研究院。在校园招聘会上投递简历的第二天，邸烁就接到凌晓宁的电话，很快他见到了李开复和几位从美国回国的工程师。久闻这些名字，邸烁很期望和他们在一起工作，特别是如果李开复能亲自指导自己，更令他向往。不过，邸烁当时并没有从事过语音、文字处理方面的东西。于是他问李开复：这个我没做过，跨行您觉得有问题吗？没想到李开复说：没问题，我们都跨了无数次行了，我亲自教你怎么做，保证你很快变成高手，甚至有可能成为世界顶级的高手。这个机会令邸烁非常激动，1998 年，他在李开复的项目组进行语音识别和自然语言处理，取得不俗的成绩，这一点在李开复的自传中也有提及。时至今日，邸烁进行汽车智能系统的语音识别、语义理解等研究，仍与最初的经历密不可分。

在微软工作一年半后，邸烁得到美国从事语音识别和自然语言处理公司 Lernout&Hauspie 的邀请，当时这家公司在此领域全美排行第一。一方面，邸烁觉得是个不错的学习机会；另外，他也看到微软中国研究院的高管们都是从美国回来，有很高的技术水平，他很想去美国看一看。还有，李开复即将回到微软总部任职，因此，他离开微软，来到美国。

赴美不到一年时间，Lernout&Hauspie 公司经营出现问题，于是十分向往硅谷的邸烁从美国东部到达西部，在硅谷找了一份工作，进入美国奥维公司(OpenWave Systems)工作。2000 年年初，市场上的主导产品还是功能手机，刚刚可以上网。奥维正是一家从事手机客户端软件(平台及浏览器)开发的公司，所开发的软件曾在全球范围内超过 10 亿部手机上安装和运行，占据市场 50%以上的份额。邸烁开始在这里做工程师写代码。2011 年"9·11"事件后，公司大量裁员，踏实肯干的邸烁却被老板留下，开始掌控核心代码，并成为研发经理，带领一支 20 人的团队。

三年后，硅谷经济回升，新创科技公司不断涌现，也诞生了一些有意思的公司。在奥维第三年，虽然手机浏览器的装机量越来越大，但是由于服务器端被各种竞争对手挤占，各种电信运营商大幅削减开支，奥维的经营每况愈下，邸烁只好再次离开。这一次他加入了一家创业公司创道(InnoPath)，得到研发总监的职位，负责公司的全部产品线。他将业务调整顺畅。公司不断扩展后，决定在中国开设一个研发中心，在国外生活了几年的邸烁很想回国，于是被派回中国，主持创建创道(中国)研发中心并任总经理。从最初三四个人，做到一年半之后整个创道中国已有了 80 人的团队。公司大部分的研发职能也从美国搬到了中国，公司从创业级别转成了一个中型公司。

2005 年，在中美两地奔波的邸烁收到李开复的邮件。当时，再次从美国回到中国的李开复，成为谷歌大中华区总裁，开始广纳人才。巧合的是，在北京东方广场办公的邸烁在这里巧遇了在酒店招聘的李开复，当时，邸烁本想纠集几个同学在美国创业，不过一方面出于李开复的召唤，一方面又觉得自己的想法还算不上成熟，于是他就想来谷歌学习三年。经过两天十轮的面试，邸烁得到了技术总监的职位。让他颇有感触的是，在面试过程中他见到一些谷歌工程师，他们非常了解技术细节，自己不仅可以跟他们交流，也可以向他们学习。在面试过程中他就已经对这家公司充满敬佩和期待。

进入谷歌后,邸烁感受到了创新的企业文化,有很多惊喜。在此期间,他参与 google . cn 后台的建立,并遇到了安迪·鲁宾,他参与把安卓项目搬到中国。当时在北京、台北、东京、首尔,谷歌都设立小的研发团队,把国际语言跟安卓相关的界面、内部的 App 管理机制以及 App Store 里的相关的东西做完善,使之成为国际版本。

邸烁对那段经历很自豪,谷歌在中国的运营做起来,他付出了很多心力和贡献,谷歌中国也一度达到 30% 以上的占有率。他参与推动安卓与中国移动项目的合作,在此过程中他觉得安卓大有前途,未来的智能设备将无所不在,手机只是其中之一。于是,2008 年他离开谷歌,开始研究基于安卓系统的软件,并尝试进入硬件领域。

在谷歌工作的经历给了邸烁创业上很多帮助:第一,在视野上,他了解到世界顶尖水平的互联网公司如何做技术和架构,特别是他发现,谷歌的大规模云计算、共享内存的方法以及开源代码等,影响了许多今天的互联网公司,无论是 Facebook 还是优步(Uber),都带有谷歌的影子,都是从谷歌集群系统引申出来的;第二,谷歌在搜索和广告方面独特的技术、产品和思路,对理解互联网产业结构和商业模式很有帮助;第三,他在这里结识了一些世界级的牛人,比如 linux 创始人和以太网发明人,甚至大学人工智能课上提到的大咖,他在这里与他们不仅有机会直接交流,有的甚至还成为同事。当然,在谷歌中国,他也获得了很多人际关系的扩展,包括他曾经招聘的很多优秀工程师,如今都立足一方:有的成为互联网公司 CTO,比如曾在极路由做 CTO 的康小宁;还有很多创业的代表,比如 GIF 快手创始人宿华等。

邸烁第一阶段的创业,是想做一个完全由语音操控的操作系统,没有图标和菜单,只有搜索界面。当时,苹果 iPad 还没有面世,他看到的机会是:相对于文字输入，语音操控对老幼都没有门槛，以此作为入口，可以直接完成各种搜索和应用调取，无论是下载 App、听音乐，还是看电影，这些内容都是免费的。看到 iPad 的诞生，邱烁则又把这套系统"我搜"，移植到硬件"我派"（Wowpad）上。

时至今日，完全采用语音操控设备看起来还很超前。如今技术发展的路线是用户图形界面，但这个模式对老人小孩仍有门槛。然而，当时的邱烁却没能将他的想法变成市场主流。想起这次创业经历，邱烁曾用半年时间总结经验教训。他认为：第一是想法、概念超前，而且并没有把握机会，没有"像雷军那么牛"找到一个成熟的商业模式。"我派"当时做 B2B，与中兴、华为等大公司合作，由这些公司来帮助"我派"来做直销，但这个模式并没有提升产品的影响力。第二是硬件上跌了跟头，高估了自己的能力，对产业链的投入程度不够了解，导致供应链出现问题。第三，市场环境也很恶劣，当时所有厂商一拥而入平板电脑市场，做出了很多低端产品，把价格当成唯一诉求。此外，没有找到合适的人才也是一部分原因。

而今，吸取更多教训的邱烁希望将一套更完整的安卓系统和应用带到汽车上。他看到的四方面机会是：第一，中国有超过 1 亿辆汽车，如果把这个领域做透应该有几千万的市场。而且汽车市场正在不断成熟：用车服务、车联网、O2O 模式等，有机会把一个领域做深。第二，当时语音在平板电脑上不是必需的，是锦上添花，所以触摸成为主流；但在汽车上，触摸操控并不安全，这也是语音的机会。第三，目前行业中主要仍是一些传统竞争对手，他们大部分还在做不联网的操作系统，而智歌则与互联网紧密相连。第四，未来公司会锁定 B2C 方向。在产品模式上，深入研究如何更适合消费者需求；公司也在尝试与大平台合作，销售方式上会有更多借力。

自从进入微软研究院开始从事语音项目起，邱烁一直的理想是如何更好地利用语音、自然语言去操作机器，让机器去理解人的语言，进行更多个性化的服

务,并让机器具有一定学习能力。他常常想到美国科幻大片,一涉及智能,都是
"computer tell me something(电脑告诉我某事)",为了这个目标,他正不断探
索,试图让汽车变得更酷。

## 互联网金融的冒险

从计算机工程师跨界到互联网金融 CEO,盛佳的人生经历了两次重要
机遇。

第一次是加入谷歌公司。2006 年前,曾在爱立信工作的盛佳正经历自己
的迷茫期。毕业于清华大学计算机科学与技术系,2001 年申请赴美留学的他
因美国"9·11"事件而落空,只好申请加拿大多伦多大学研修计算机硕士学位。
毕业后,他一度思考工作到底是为了什么,成就感来自哪里。后来在和妻子的
讨论中,他认为做一个能让很多用户使用的产品,获得的成就感比赚钱更大。
那么,谁能有这种大的影响力? 答案正是谷歌。看到谷歌招聘广告的盛佳跃跃
欲试,经历了十来次面试,颇费了些周折,才进入了自己心仪的公司。虽然当时
只是一个初级职位,但在这里,盛佳逐渐找到了自己的价值,无论产品研发,还
是来自同事和上司的评价,都让他获得了不小的认同感。

第二次转折则是离开谷歌后,他成为清华大学五道口金融学院 EMBA 的
首期班学员。在此之前,盛佳并没接触过金融;当时,互联网金融也还是比较模
糊的概念。但那一年,参与云云创业的盛佳,正在思索自己的未来;同时,他渴
望学习一门新知识,金融正是他的兴趣所在。于是,盛佳投入一笔"巨资"来到
这里学习。在首期班中,班上学员平均年龄 45 岁上下,基本来自金融业的监管
部门或者上市公司、国有银行证券公司的管理者。1980 年出生的盛佳年龄最
小,也是唯一一个互联网出身的学员。大家对这位年轻工程师的"优待"往往是

求教手机如何上网和安装 App。在这里，盛佳遇到了先锋金融董事长，这位一直从事传统金融，颇有前瞻性和魄力的行家，正在考虑转型互联网金融。一次与盛佳的聊天中，他谈到转型中的技术困扰。几次碰撞后，这个年轻人取得了他的信任。2013 年，他们开始尝试共同跨界：一个是从传统金融业到互联网化运作，另一个则是如何用自己的互联网工具改造金融。

盛佳曾在谷歌工作 4 年。2006 年进入谷歌中国的他差不多是第一批员工，主要从事搜索产品、社区、SNS 相关产品的开发。盛佳最大的感受是周围的人都很聪明，每个人都有些理想主义，带着正能量，可以一起成就事情。在谷歌的前两三年，更像是一段创业历程，国内对互联网的理解还不如今日这般透彻，谷歌则是一面旗帜。

在谷歌有两件事至今让他记忆犹新，第一件是谷歌与天涯合作天涯来吧，这是谷歌第一次尝试与其他品牌进行合作，并且是 SNS 产品，还涉及过滤、敏感信息如何处理、怎样应对政府审查等问题。当时盛佳和李开复一起参与和拉里·佩奇、谢尔盖·布林的会议，甚至埃里克·施密特也参加了会议。会议全程都很紧张，但后来还是通过了这个项目。虽然产品后来并不算成功，盛佳的总结是对产品模式没有想清楚，但这个过程却让他获得很多成就感。

第二件事是 2008 年四川汶川地震后谷歌推出的寻亲搜索产品。其产品经理正是盛佳，当时为了快速响应，他和同事做到 24 小时上线，并获得总部审批。这个产品获得了很好的反响，最重要的是，盛佳感受到了使命感和责任感。

2009 年，李开复离开谷歌，盛佳则被派往美国，开始一段硅谷工作生涯。

在谷歌期间，盛佳获得了几个重要收获。第一是无论技术或产品、用户理念，都让他养成关注细节的习惯。在谷歌做搜索时，盛佳记得与质量相关的改变，都会有一个名叫"搜索技术委员会"的组织审核，里面有一些工程师，会为每一个改变，哪怕是一个字体跑一遍 A/B 测试。而在国内，当时主要互联网公司并没有做这件事情，大家更多的是凭直觉，然而直觉往往是不可靠的，尤其是对一个大的改动来说。所以这个方法对创业者而言，从一开始就是比较科学的。现在成为CEO的盛佳，仍然执着于此。

第二，则是公司运作到一定规模后会遇到哪些问题，该如何管理，如何面对成千上万的用户。盛佳认为，见识了最伟大的公司，自己总会学到一些闪光点。其中包括创始人、高级别的领导者深入产品细节，能够挽起袖子做事；还有就是以工程师为中心的文化，对科技行业的人才至关重要。

工作生活在硅谷，盛佳很喜欢那样的生活。然而此时快到30岁的他，又开始自问，我的下一步在哪里？将来会在哪里？虽然谷歌的工作稳定、舒适，但那样的生活开始让他觉得无聊。最主要的是，盛佳认为，虽然他可以把工作做到很好，但人总有文化根基的属性，他发现自己很难真正关注美国用户的心理。相反，在中国，则可以把它当成自己的东西，去用心关注，比如当年的地震寻亲产品就是如此。在美国文化上的孤独感，让他渴望回国成就一些更重要的事。

然而当时如果自己去创业，盛佳没有十足的底气和资金。恰逢此时，他得知刘骏拿到投资，正在寻找几个谷歌人一起创建云云网，对盛佳来说，这是个有意思的项目，整个团队又很熟悉，没有什么沟通成本。于是，他回国成为云云创始团队的一员。

然而，现在回过头看，创业实在是很复杂的一件事。云云的失败给盛佳的经验教训是：创业的方向选择和时间点往往是最关键的，如果这两个方面选择错了，人再聪明也很难成功。2010年，正是微博火爆的时候，云云的投资基本全部来自新浪，因此产品的方向便是基于微博的搜索。但这股热度却很快过去，2012年微信的火爆程度就超过了微博。对于这次创业，云云是被动创业，不是做出逻辑推演：是不是合适的项目和时间。而如果反过来，也许成功的概率会高一些。因此顺势而为非常重要。

这一点在盛佳加入先锋金融后也深有体会。2013年,网信金融成立,当年9月开始用互联网打法做P2P、众筹项目。然而,公司很快经历一些转型,原因在于众筹虽然看来风光,但如何找到盈利模式、怎么做,却需要经历一个过程。现在看来,这也许需要更长时间。而P2P产品上线后,一直到2014年2月前,尚没有什么太大交易量。直到先锋集团执行董事李焕香协调集团资源一起来做,保证资产供应,这时用户才开始发展,交易量持续上涨。因此,借助集团大势也很重要。

进入互联网金融领域,盛佳认识到必须保持前瞻,尤其是对掌舵人而言。初创企业有初创企业的问题,而企业做大也有做大的问题,怎样在浪潮中站在风口,则需要眼光、魄力。

技术派出身的盛佳,还发现很多搞技术的人往往比较较真,包容性不够强,看到一个人更多地会放大他身上的缺点。而现在,身为管理者,则需要更多地看到别人的长处,把合适的人放到合适的位置,在合适的时间点引入正确的人。这是一个企业最终胜出的最重要因素。

从零开始,如今网信金融在互联网金融的所有板块都有涉及,包括P2P、众筹、支付、征信、基金销售、证券等。甚至先锋还申请了虚拟运营商,未来可能更名叫网信移动。盛佳认为,网信不能说从0做到了1,但至少做到了0.5,有一定规模、行业知名度和用户,接下来的挑战就是作为CEO,这个平台能够发展到什么程度,做的过程中要有自己的想法,去兑现一个大的愿景。

关于用互联网思维颠覆传统行业,过去,盛佳也喜欢信心满满地谈"颠覆",但现在,他并不喜欢提及这个词。第一,是颠覆不掉:互联网金融本身做的就是银行"看不上"的东西。然而那些东西有意义,市场空间足够大,原来在搜索领域争夺一年几百亿的市场,在金融领域都是万亿,完全不是一个量级。第二,所谓互联网思维,个人自己怎么想是次要的,关键是团队怎样想。如何让上上下下各个环节的员工体会到在工作中、生活中、产品上都满足互联网思维定义,这是他每天需要面对的问题。作为互联网金融,既要有金融的严谨性,又要有互联网的灵活性,有时候这是矛盾的。互联网要求快,金融则需要向后拉,每天处理这样的事情,对管理是很大的挑战。如果说在互联网公司要处理技术和产品或者销售,金融则要面对更多也更大的挑战。当然,盛佳乐在其中。

## 互联网广告颠覆者

作为互联网圈为数不多的女性创业者,胡宁认为其性别也往往能带来特有的优势:首先,女性工程师的平均水平不逊于男性,格外杰出、优秀的比比皆是;其次,女性在情商上更胜一筹,在理解、激励团队,协调各方关系方面可以做得更好,也有更高胜算保证项目和团队的成功;此外,身为女性,往往还可以调节团队气氛,成为办公室里的潮流风尚标。

为胡宁这份自信背书的,是她令人过目不忘的履历:毕业于清华大学计算机科学与技术专业,毕业后前往计算机专业全美排名第一的卡内基·梅隆大学攻读娱乐技术硕士、计算机科学硕士及博士学位。此后,她加入谷歌公司,先后在谷歌纽约、硅谷总部、北京公司工作,历任工程师、高级工程师、主任工程师、技术总监,领导主持移动搜索、谷歌音乐及安卓服务的研发。

胡宁的勇气与果决为其人生带来几次重要转折。2004 年,她从卡内基·梅隆大学毕业到谷歌做实习生,结束后因表现优异,直接收到谷歌的 offer(工作邀请)。当时,由于卡内基·梅隆大学的计算机专业久负盛名,很多博士毕业后选择到学术界任教,胡宁的博士生导师也强烈希望她选择学术这条路。然而,在实习期间已经深受谷歌文化和氛围吸引的她,决意全职加入谷歌工作。因此,在没有找过任何其他工作的情况下,她就进入了这家公司。

另一次重要选择发生在谷歌工作顺风顺水的几年后,胡宁突然宣布自己将要离开谷歌和美国,加入创业公司 MediaV,这几乎让她身边的朋友大跌眼镜。当时,应谷歌高层要求,她已经调回美国总部,并在安卓团队中担任重要领导职务。从谷歌到 MediaV,意味着不仅要放弃丰厚的薪资和期权,还要从美国搬家到上海。而此前,她从来没有在上海生活过。然而,这个新的创业机会,却让胡宁跃跃欲试。因此,在说服并获得家人支持后,她举家迁往上海,开始自己的创业之旅。

事实上,胡宁的每一次选择都与自己的性格与年少经历密不可分。她从初中就开始编程启蒙,一直参加全国奥林匹克信息学竞赛,并多次获得一等奖。那时的她已经开始写一些小游戏之类的程序。高中毕业要上大学时,她坚持要上清华计算机系(清华的计算机系在国内公认首屈一指),别的学校或系都不要。

当时,计算机专业已经很火,考分很高。而她人在海南,由于本省人少,清华计算机系可能只给到全省一个名额。因为胡宁信息学竞赛的成绩,学校考虑保送她上北大,或者清华其他系。但胡宁却坚决不肯,一定要上这个系。"当时我有非常明确的目标要读计算机,要做这个行业。"

在谷歌的几年,胡宁从这家公司的技术环境、文化理念和管理机制中获益颇多,也信仰可以用技术产品改变世界。这使得她在创业时,充分利用在谷歌所学到的大量技术知识和管理经验,并致力于打造类似谷歌那种以技术产品创新为核心、平等公正活跃的公司文化。

事实上,早在谷歌工作时的胡宁就开始关注广告领域。搜索和广告作为互联网的两大支撑应用,搜索是互联网的核心,而互联网产业大部分收入则来自广告。可以说,谷歌在某种程度上就是广告公司,90%以上的收入来源都是广告。所以当时在谷歌做搜索时,她就对广告很感兴趣。既然广告是整个互联网的发动引擎,肯定有很多学问、有很多事情可以做。而且,搜索和广告二者之间还有很多的共同之处,系统架构、算法等很多方面非常类似。

另一方面,参与创立 MediaV 时,胡宁看到的机会是,中国的互联网广告行业与世界先进水平的距离还相差甚远。在发达的互联网广告技术已经开始进入实时竞价(Real Time Bidding,每次广告曝光都进行竞价)的阶段时,国内绝大多数的广告位还在以天为单位售卖,低效而且不透明。那么,这个巨大的机会就是：用技术产品的革新来改变中国互联网广告格局。

在 MediaV 的几年中,胡宁的创业取得了重大的阶段性成功：其带头设计并研发的以实时竞价为核心的聚效广告平台,于 2012 年 5 月正式上线。聚效上线后发展迅猛,于 2013 年年底从 MediaV 分拆出来独立运营,于 2014 年 5 月宣布获得奇虎 360 战略投资。

2013 年年初,聚效广告平台的 DSP(Demand Side Platform,需求方平台)产品上线,很快就被确认是 Google Ad Exchange(谷歌广告交易平台)上国内最大的 DSP,并被公认为国内规模最大、技术最先进的 DSP 平台之一；2015 年年初聚效广告平台进一步升级为 Ad Exchange,现在已超过 Google Ad Exchange,成为继阿里、百度之后国内第三大 Ad Exchange(广告交易平台)；2015 年年初开始发力移动原生广告。现在聚效已是国内最大的移动原生广告平台之一。

然而,深受谷歌熏陶的胡宁,在运营公司广告业务时,也坚持着自己的原则和态度。谷歌的"不作恶"原则,让其所做的很多决策与同行业公司不同。有些可以赚钱的模式,但如果她认为可能欺骗广告主或者媒体,则坚决不会去做。因为她更相信长远价值,而不是短期利益。长远价值也最终会有更好的回报。

聚效平台准备上线时,因其自由竞价的核心理念与传统代理服务思维迥异,在公司内部阻力重重,业务部门不愿意推广。后来,重新建立了一个新的销售和运营团队,从三个位置很一般的小广告位开始,聚效艰难起步,而后才迎来了爆发式增长。

这几年，MediaV 从一家传统的广告代理公司，成功转型为以技术产品实力著称的广告技术公司，这令胡宁感到颇为欣慰。随着"大数据"概念的深入，其所从事的大数据典型应用——互联网精准广告，也成为潮流引导者。看到自己一手打造的技术产品，可以与国际先进水平的同行媲美，这令胡宁颇具成就感。这也是其创业的最大魅力所在。

附 ▶▶▶▶▶▶▶▶▶▶▶

# 何以成就谷歌： Google 十大信条

（原文出处：http：//www.google.cn/about/company/philosophy/）

我们首次拟就这"十大信条"还是在谷歌刚刚成立没几年的时候。此后，我们时常重新审视这份清单，看看它是否依然适用。我们希望这些信条永不过时，而您也可以监督我们是否遵守了这些信条。

## 以用户为中心，其他一切自然水到渠成

自创建伊始，谷歌就一直以提供最佳用户体验为宗旨。无论是设计全新的网络浏览器，还是更换首页外观，我们都非常用心地确保最终的结果能够很好地满足用户需求，而不是为了实现公司自身的目标和经济利益。我们的首页界面简单明了，网页加载速度非常快。我们从不对外出售搜索结果中的展示位置。对于广告，我们不仅清楚地将它们标记出来，而且广告内容也会与搜索相关，从而确保广告不会分散用户的注意力。在开发新的工具和应用时，我们秉承这样一种理念：设计出来的产品应该非常出色，而不会让用户产生"这个产品应该这样或者那样设计"的想法。

## 专心将一件事做到极致

Google 以搜索起家,而搜索也一直是我们的核心业务。我们拥有世界上最大的研究队伍之一,可以心无旁骛地攻克搜索方面的难题,我们知道自己擅长什么,也知道如何可以做得更好。由于要不断应对各种棘手状况,Google 已深谙复杂难题的解决之道。我们的服务已让上百万用户能够方便快捷地找到所需信息,但我们不断探索、追求更高境界的脚步不会停歇。我们为不断地改进搜索服务所做的投入,也有助于我们将掌握到的知识和技术应用于 Gmail 和 Google 地图等新产品。我们希望将搜索所蕴含的无限力量应用于未曾探索过的领域,并帮助用户在生活中更多地获取和使用越来越丰富的信息。

## 越快越好

我们很清楚,您的时间非常宝贵,因此,当在网络上寻找某个问题的答案时,您一定希望瞬间就能找到,而我们的目标就是满足您的这些需求。我们的目标是让用户尽快离开我们的网站——世界上大概只有 Google 能这么说。我们不断精简网页并提高服务环境的效率,一次次地打破自己创造的速度纪录,现在的搜索结果响应时间平均只有几分之一秒。我们推出的每款新产品都非常注重速度,无论是移动应用还是 Google Chrome(一种足以跟上现代网络速度的高速浏览器)都是如此。我们将继续努力提高所有产品的运行速度。

## 网络上也讲民主

Google 搜索之所以能快速找到相关信息,是因为它依赖于上百万在网站上发布链接的用户,是他们帮助我们判断有哪些其他网站提供了有价值的内容。在评估每个网页的重要性时,我们采用了 200 多种指标以及大量的技术,其中包括我们的专利算法 PageRank™,它可以分析出哪些网站被网络中的其他网页"票选"为最佳信息来源。随着网络规模的扩大,这种方法也会越来越完善,因为每个新网站在提供信息的同时,也是另一张待统计的"选票"。秉承同样的民主精神,我们积极从事开放源代码软件的开发,集众多编程人员的努力和创意,不断推出各种创新产品。

## 信息随时随地可得

现在,人们越来越多地使用移动设备,因为他们希望随时随地获得所需的信息。我们不断开发新的移动服务技术,推出新的移动服务解决方案,希望帮助全球用户在自己的手机上执行各种各样的任务,从查看电子邮件和日历活动到观看视频,不一而足,更不用说在手机上通过多种不同的方式使用 Google 搜索功能了。此外,我们希望通过 Android 激发更强的创新意识,为全球移动用户谋福利。Android 是一个免费的开放源代码移动平台,它将开放性这一让互联网大获成功的因素带入了移动世界。Android 不仅能使消费者受益,让他们拥有更多选择余地并享受更富创意的移动体验,也为运营商、制造商和开发者创造了营收机会。

## 赚钱不必作恶

作为一家公司,Google 有两个收入来源:一是向其他公司提供搜索技术,另一个则是向广告客户提供在我们的网站上和网络中的其他网站上投放广告的服务。在世界各地,成千上万的广告客户使用 Adwords 推广他们的产品;无数发布商通过 Adsense 计划投放与自己网站内容相关的广告。为了确保最终能够服务所有用户(无论他们是否属于广告客户),我们针对我们的广告计划和实际做法制定了一系列指导原则:

● 除非广告内容与搜索结果页的内容相关,否则,就不能出现在我们的搜索结果页上。我们坚信,只有广告与您要查找的内容相关时,它提供的信息对您来说才算有用。因此,您可能会发现,执行某些搜索后看不到任何广告。

● 我们相信,广告即使不"喧哗夺宠"也能取得应有的效果。所以,我们拒绝弹出式广告,因为这种广告会妨碍用户浏览所请求的内容。我们还发现,如果文字广告与受众高度相关,则点击率就会远远高于随机显示的广告。任何广告客户(无论规模大小)都可以从这种针对性极强的广告媒介中受益。

● 在 Google 上投放的广告总是明确地标记为"赞助商链接",因此,这些广告不会影响搜索结果的真实性。我们绝对不会通过操纵排名的方式,将我们的合作伙伴放在搜索结果中排名靠前的位置,另外,也没有任何人可以购买到更高的 PageRank。我们的用户信任 Google 的客观性,我们绝不会为任何短期利益去破坏这份信任。

## 信息无极限

当 Google 索引中的互联网 HTML 网页数量超过其他任何搜索服务时,我们的工程师便会将精力转到那些不那么唾手可得的信息上。有时我们只需将新的数据库集成到搜索中即可(例如添加电话号码和地址查询、添加商家目录),但有时还需要付出更多富于创造性的努力(例如增加更多的搜索功能,包括新闻存档搜索、专利搜索、学术期刊搜索以及对数十亿张图片和数百万种图书的搜索)。我们的研究人员会继续研究如何将世界上所有的信息提供给有需要的人们。

## 信息需求无国界

我们的公司是在美国加利福尼亚州成立的,但我们的目标是帮助全世界使用各种语言的人获取信息。为此,我们在 60 多个国家/地区设立了办事处,拥有 180 多个互联网域名,我们为生活在美国境外的用户提供的搜索结果量占总搜索结果量的一半还多。我们提供 130 多种语言的 Google 搜索界面,能让用户将搜索结果限制为以他们自己的语言撰写的内容;对于 Google 的其他应用和产品,我们也希望推出尽可能多的语言版本和可使用的形式。有了我们的翻译工具,哪怕内容是用地球另一端您完全不懂的语言所撰写的,您也可以浏览和探索。在这些工具和志愿译者的帮助下,我们甚至能够大幅改进向世界上最偏远地区的用户提供的服务的种类和质量。

## 认真不在着装

我们的创始人秉承着"工作要有挑战,挑战带来快乐"的理念创立了 Google。我们相信,恰当的企业文化更容易孵化出绝妙的、富有创意的产品。这样的企业文化绝不是熔岩灯和橡胶球就能营造出来的。我们重视团队成绩,也推崇个人成就,因为这都是公司全面成功的基础。员工是企业的宝贵资产,我们极为重视。他们背景不同,但都活力四射、热情洋溢。无论是工作、娱乐还是生活,他们总是充满创意。我们的工作氛围可能非常随意,但就是在排队等咖啡的过程中、在小组会议上或在健身房中,新的想法不断涌现,并以令人目眩的速度在彼此之间交流、经过测试,然后投入实际应用。这些新想法往往会催生出在全世界范围内广泛使用的新项目。

## 追求无止境

我们始终将自己在某方面的优势视为继续发展的起点,而不是终点。我们为自己设定目前还达不到的目标,因为我们知道,通过不断朝着这些目标努力,我们可以做得比预期更好。Google 的目标就是通过创新和反复探索,打造出优秀的产品并以异乎寻常的方式对其加以改进。例如,我们的一位工程师发现,用拼写正确的字词进行搜索时会得到很好的效果,于是他就开始思考应当如何处理错别字。正是这种思考促使他开发了一种直观且更加实用的拼写检查工具。

　　即使您也不太清楚自己要查找的确切内容,在网络上寻找答案也不是您的问题,而是要由我们来解决的问题。我们在尽力预测全球用户尚未明朗的需求走势,并开发各种可能会成为日后新标准的产品和服务来满足这些需求。以我们发布 Gmail 时的情况为例,与当时的其他电子邮件服务相比,Gmail 拥有的存储空间最大。但现在看来,提供如此大的存储空间似乎是理所应当的,这是因为我们如今对电子邮件的存储空间有了新的标准。这些都是我们所追求的改变,我们会一直探索能够推动改变的新领域。归根结底,我们所做的一切正是源于永不满足于现状的态度。

▶▶▶▶▶▶▶▶▶▶▶

# 一群人的精神战场

xGoogler 是一个特别的群体,他们聪明、敢于创新、看到未来、拥有伟大的梦想和敏锐的商业嗅觉。谷歌的工作经历给予了他们发现、认识和提升自己的平台,离开这个舞台,他们正在中国创业空间中发挥自己的光能,成为中国互联网的未来力量;最重要的是,他们的精神也将激励和影响更多的互联网创业者,中国将成为全球互联网中心。

30 年前,美国作者埃弗雷特·M. 罗杰斯在《硅谷热》一书中描写了史蒂夫·乔布斯、比尔·盖茨等上一代科技青年在美国实现创业、创富梦的过程,正是从那里,硅谷人开始了自己的梦想与征程。时间转到 2015 年,全球互联网用户即将突破 30 亿,在全球人口总数中所占比例将达 42.4%。而中国以超过20%的占比,远超不足 10%的美国。全球互联网从以美国为中心的上半场,开始进入以中国为中心的下半场。这里充满着机遇与挑战,对于那些储备了知识和能量的创业者,这里是一个激动人心的竞技场。

2015 年年初,当久未谋面的原谷歌全球副总裁兼大中华区总裁、创新工场

CEO李开复出现在一场互联网会议上,他抑制不住表达对互联网发展的惊叹:过去35年的PC革命改变了人们的办公方式,又通过互联网串联起来,连接了人和内容,带来了电子商务和娱乐等机会,带动了约25亿台设备的销售;过去5年,则是移动互联网的爆发时期,带来了约60亿台设备的增量,这一变化也意味着,只用了过去1/7的时间就带来了3倍的成长……

这是一个特殊的时代。xGoogler们是幸运的——他们生逢和平年代,得以接受良好的教育;他们出国深造,得以进入全球顶级公司,学习最先进的技术并获得前瞻的视野;现在,他们又在自己的黄金时代,成为时代的弄潮儿。然而,他们的成功在一定的必然之外,又充满着偶然,这就需要勇气、魄力,在创业路上不断调整与修正方向,以及强大的精神信仰。从这个意义上,谷歌人拥有他们的特质:看到未来,对成就伟大有狂热的追求,充满对人生更高层次意义的追求。

另一方面,谷歌人在以技术为驱动,拥有改变世界的梦想的同时,也具有一定的商业格局。他们不希望重蹈老特斯拉的覆辙,从公司创业起,就将事业与商业梦想并行。2007年,当硅谷初生牛犊Facebook创建3年时,23岁的技术天才马克·扎克伯格力邀当时谷歌全球在线销售和运营部门副总裁雪莉·桑德伯格(Sheryl Sandberg)出任Facebook首席运营官。经过3年调整,当2012年Facebook提交IPO申请时,用户数量从2008年的6000万,增加到8.5亿;广告收入由2008年全年不足3亿美元,到2011年达到38亿美元。这在桑德伯格职业生涯中不乏先例:2001年年底,她加入初创3年的谷歌时,谷歌还是没有实现稳定盈利的私人公司。桑德伯格凭借Adwords、Adsense等广告项目,短时间内帮助谷歌实现了盈利。实现商业梦想,也让一家伟大公司得以获得更优秀的人才、建立更顶级的研发系统。

得益于在Google获得的训练与熏陶,xGoogler们在创业大军中出类拔萃。

首先,他们更具前瞻性,他们的创业与之前在 Google 形成的职业道路非常相关。比如参与移动的发展和安卓开源平台的建立,创新工场预测了移动互联网的爆发并成功投资孵化了一批新创公司;小米的林斌、技德科技的周哲、智歌科技的邸烁,则依靠对这套系统的了解,在中国渴望打造出最好的手机、平板电脑和智能汽车操作系统;周韶宁加入谷歌前曾在通信行业工作多年,并没有真正从事互联网工作,而经历 Google 生涯后,他开始尝试利用互联网改造传统行业(物流业),并基于对政府、渠道、通信业的了解和实干精神,成为物流、大数据行业的先锋;汤奇峰是个互联网人,也是偏技术流的市场和销售人,所以,他创业的角度一直在与技术相关的同时,和销售、商业模式密切相关。

第二,成就商业梦想。小米公司、创新工场在坚持打造"生态""模式"的同时,也实现了高市值和投资回报率;赵勇选择进入市场大、门槛高的监控领域,他的格灵深瞳被徐小平称为"千亿级别的公司";王怀南在成就一个"改变一代中国人梦想"的同时,宝宝树也通过广告、电商,很早就实现了盈利。

第三,相当有实干精神。虽然大部分 xGoogler 的创业一开始并不风生水起,但是几年后,他们逐渐成为所从事行业的领军企业,宝宝树、百世物流、兰亭集势等都是如此。王怀南认为,创业的精神层次不一样,百度可能更讨巧,更懂中国,腾讯更偏产品,谷歌则更靠近理想。"谷歌人未必第一天就挣一桶金,他们也不会轻易把公司卖掉。如果把时间放到 10 年来看,一家伟大的企业靠的不是金钱和产品,而是信念和理想。"李开复认为,Google 的特殊之处是在中国新一轮互联网创业还没有完全爆发时,就孵化出"两三百个蛋",现在,这些蛋成为鸡孵化出更多的蛋,产生巨大的效应。

1994 年,一条 64K 带宽国际专线的开通,打开了中国互联网与世界的连接;2014 年,中国已经建成了拥有 70 万个基站的 4G 网络。移动互联网的飞速发展,使人们几十年来的生活方式正在被颠覆:中国移动网民从 2013 年的

36.9％到 2015 年的达到半数；马年除夕,两家互联网巨头展开数亿元的红包大战；基于位置而生的打车软件,在烧掉数十亿元人民币的同时,激烈的市场竞争、商业与政策的博弈成为最热门的话题；过去一年,40.9％的 90 后选择自主创业；可穿戴设备市场将迎来新一轮爆发,2015 年中国可穿戴设备市场规模将超过百亿元；多屏时代将引爆移动广告市场,从 2013 年的 25.9 亿元,增长到 2015 年的 74.9 亿元；跨境、深垂直化特征明显,电商市场将破千亿元；2015 年中国手机游戏用户超过 6 亿,市场规模将达到超过 400 亿元；还有大数据、互联网金融、在线教育……都成为市场和资本追逐的热点。在这些领域,xGoogler 都占有一席之地。

科技浪潮总是向前涌动,在硅谷,谷歌也将成为明日黄花,人才正在向 Facebook 等新创公司涌动。而下一批科技企业,还将取代 Facebook,他们可能是 Airbnb、Uber 或者中国的小米。无论如何,科技界最宝贵的财富就是人才。谁会是下一轮创业明星? 我们拭目以待。

**图书在版编目（CIP）数据**

谷歌创业帮：关于梦想、创新、勇气与坚持/ 王丹
著.—杭州：浙江大学出版社，2015.11
ISBN 978-7-308-15202-0

Ⅰ.①谷… Ⅱ.①王… Ⅲ.①网络企业—企业管理—
经验—美国 Ⅳ.①F279.712.444

中国版本图书馆 CIP 数据核字（2015）第 235764 号

**谷歌创业帮：关于梦想、创新、勇气与坚持**

王　丹　著

| | | |
|---|---|---|
| 策　　　划 | 杭州蓝狮子文化创意股份有限公司 | |
| 责任编辑 | 黄兆宁 | |
| 责任校对 | 杨利军　於国娟 | |
| 出版发行 | 浙江大学出版社 | |
| | （杭州市天目山路 148 号　邮政编码 310007） | |
| | （网址：http://www.zjupress.com） | |
| 排　　版 | 杭州林智广告有限公司 | |
| 印　　刷 | 浙江印刷集团有限公司 | |
| 开　　本 | 710mm×1000mm　1/16 | |
| 印　　张 | 13.75 | |
| 字　　数 | 177 千 | |
| 版 印 次 | 2015 年 11 月第 1 版　2015 年 11 月第 1 次印刷 | |
| 书　　号 | ISBN 978-7-308-15202-0 | |
| 定　　价 | 42.00 元 | |